¡PROSPERA!

Construye el estilo de vida que siempre deseaste

6 PRÁCTICAS

PARA HALLAR DINERO

Y FELICIDAD DURADEROS

Ethan Willis
y Randy Garn

TALLER DEL ÉXITO

¡PROSPERA!

Publicado por:

Taller del Éxito, Inc
1669 N.W. 144 Terrace, Suite 210
Sunrise, Florida 33323
Estados Unidos
www.tallerdelexito.com

Editorial dedicada a la difusión de libros y audiolibros de desarrollo personal, crecimiento personal, liderazgo y motivación.
Diseño de portada y diagramación: Diego Cruz
Primera edición impresa en 2012 por Taller del Éxito

ISBN 10: 1-607381-07-9
ISBN 13: 978-1-60738-107-5

Printed in Colombia
Impreso en Colombia por D´vinni S.A.

13 14 15 16 17   R|CD   08 07 06 05 04

Dedicado a Devin Willis, mi hermano mayor,
cuya valerosa vida ha sido entregada a animar a otros.

—Ethan Willis

Este libro está dedicado a James Nyle (Geedus) Garn,
mi padre, mi héroe.

—Randy Garn

CONTENIDO

PRÓLOGO

Con este libro queremos hacer más que simplemente ayudarte a entender la naturaleza de la prosperidad. Queremos que seas más próspero.

Hay una razón por la cual estás leyendo este libro: estás buscando algo de prosperidad. Nuestro mayor deseo es ayudarte a descubrir exactamente qué es lo que estás buscando.

La prosperidad es un deseo fundamental en todos los seres humanos. La mayoría de personas la buscan pero pocos la logran. Y, entre quienes lo hacen, al parecer pocos saben conservarla. Nosotros creemos que la prosperidad está disponible para todo aquel que se sienta dispuesto a esforzarse y hacer que suceda, y a medida que avances con la lectura te lo vamos a demostrar.

Sabemos que es posible tener una vida que equilibra la búsqueda de la prosperidad con felicidad. No es fácil, pero tampoco tan difícil como crees. Hemos ayudado a miles de personas cuyas experiencias y circunstancias son similares a las tuyas, que tenían el mismo deseo que tú de lograr prosperidad duradera.

Algunos lo lograron al crear empresas que les permitieron ganar dinero haciendo aquello que les apasionaba. Otros trabajaron al interior de sus empresas labrándose vidas equilibradas, significativas y con mejor compensación. También ha habido quienes finalmente llegaron a entender en qué eran buenos y posteriormente extendieron sus talentos para desarrollar nuevas carreras. Incluso otros aprendieron destrezas innovadoras que les hicieron posible reinventarse a sí mismos en áreas por las que sentían gran pasión.

¿QUIÉNES SOMOS NOSOTROS PARA HABLAR DE PROSPERIDAD?

Somos dos personas que hemos dedicado nuestra vida a ayudar a otros a ser prósperos en sus propios términos.

Desde que fundamos Prosper en 1999, nuestra empresa ha entrenado a más de 75.000 personas de todas las edades, en más de 80 países, para que sean más exitosas en sus carreras, establezcan sus negocios y alcancen prosperidad a largo plazo para ellos y sus familias. Ayudar a otros a que prosperen (la misión de nuestra empresa) nos da nuestro mayor sentido de logro.

La combinación de nuestros trasfondos nos permite dar una perspectiva única al tema de la prosperidad, la cual no se basa únicamente en nuestro propio éxito sino también en nuestro profundo anhelo de ayudar a los demás a entender lo que realmente significa prosperidad para ellos y cómo alcanzarla.

¿QUIÉN SE BENEFICIARÁ CON LA LECTURA DE ESTE LIBRO?

Escribimos *Prospera* para gente interesada en generar una prosperidad que le ayude a tener un equilibrio sostenido entre el dinero y la felicidad. Estas páginas serán valiosas para cada persona que esté comprometida con mejorar algún aspecto de su vida. Al escribir este libro, pensamos específicamente en muchas categorías de intereses para los que queríamos que él fuera útil. Esperamos que te reconozcas a ti mismo en una o más de estas categorías.

Desarrollo personal. Entiendes que la prosperidad depende de ti. Estás listo para retar a algunas de las creencias, actitudes o hábitos limitantes que te han impedido alcanzar tus sueños y reconoces que la respuesta puede estar en un entrenamiento personalizado. ¿Has descubierto y aprovechado tu pleno potencial? ¿Estás firmemente convencido de que la vida se trata de algo más que lo que ya has vivido? ¿Estás tratando de hallar más felicidad, plenitud y éxito? Entonces quieres asumir el control de tu vida, adoptar lo positivo y lograr lo más importante para ti.

Desarrollo profesional. En la actualidad estás empleado y quieres mejorar tu valor para la organización a la que perteneces. Has hecho una inversión importante en la empresa para la que trabajas en la actualidad, la cual, a su vez, también ha invertido de manera importante en ti. Quieres apalancar esa inversión para identificar o crear nuevas oportunidades de avance y ascenso.

Emprendimiento. Sueñas con iniciar y desarrollar tu propia empresa en un área por la que sientes mucha pasión. Probablemente te interesa ganarte la vida haciendo lo que te encanta. O quizá tengas la idea de un producto nuevo y quieres saber cómo introducirlo en el mercado. Los individuos apasionados, por mucho tiempo han adoptado el espíritu emprendedor. Las oportunidades de negocio más emocionantes giran alrededor del poder de internet y quieres dominar disciplinas como los medios sociales, las subastas en línea, la optimización para motores de búsqueda y el mercadeo por internet.

Finanzas personales e inversión. Te interesa ayudar a otros y a ti mismo a alcanzar sueños financieros o deseas administrar efectivamente tus finanzas e inversiones personales.

Quieres hacer que el dinero trabaje para ti, ahorrar para tener una cómoda jubilación, eliminar tus deudas y desarrollar tu propio futuro financiero. Para quienes están interesados en áreas específicas de las finanzas e inversiones personales, probablemente deseen buscar oportunidades de prosperidad en el mercado de acciones, inversiones en bienes inmobiliarios o intercambio de divisas.

CÓMO PROSPERAR AL LEER ESTE LIBRO

Dicho en términos más sencillos, nosotros queremos que prosperes. Para hacerlo, debe haber un acuerdo entre los autores y el lector. Un libro puede ser un instrumento de cambio poderoso y comienza con lo que estás haciendo ahora mismo. Pero la lectura como tal no asegura la prosperidad sostenible. La prosperidad no se logra sólo por reflexión. Creemos que si este libro ha de tener un impacto significativo en tu búsqueda de prosperidad, debes poner en práctica lo que aprendes. No queremos que sólo leas el libro: márcalo, haz notas, compártelo con alguien que creas que se beneficiará de él y luego vuelve a leerlo.

Prospera es una guía de acción para que obtengas la vida que realmente deseas. Nosotros la escribimos porque hemos creado un proceso que ha sido el catalizador para que muchos como tú alcancen sus sueños. Este libro ofrece estrategias, herramientas, ejercicios y perspectivas comprobadas que han ayudado a generar prosperidad a miles de personas. Estamos seguros que va a hacer lo mismo por ti.

El progreso brota de la reflexión seguida de una acción profunda. Es por eso que la conclusión de cada capítulo presenta una sección que llamamos "Pasos de prosperidad", en la cual ofrecemos ejercicios destinados a ayudarte a entender los principios y a actuar. Todo lo que te pedimos es lo mismo que les pedimos a nuestros estudiantes: sólo da los pasos e inténtalo. Cada uno está basado en acciones que nuestros estudiantes han informado que son útiles. Entre más energía dediques a terminar los "Pasos de prosperidad" al final de cada capítulo, más alta será la posibilidad de que este libro te resulte de mayor beneficio.

En nuestra página de internet, www.prosperbook.com, encuentras la mayoría de los "Pasos de prosperidad", así como algunos ejercicios que no están en el libro. Te invitamos a que visites nuestro sitio en línea.

6 PRÁCTICAS DE PROSPERIDAD™

Piensa en alguien que conozcas que sea próspero. ¿Cómo es esa persona? Apostamos que hay ciertos hábitos o prácticas que ella tiene. En nuestra investigación, descubrimos 6 prácticas de prosperidad que encienden el fuego necesario para generar el compromiso, la energía y el valor para producir prosperidad duradera. Estas prácticas también, por necesidad, son un trampolín hacia el cambio personal al entender que la prosperidad es un viaje interno, que requiere que tengas claridad para saber lo que realmente valoras y que tengas la fortaleza para buscarlo.

Las 6 prácticas de prosperidad surgen tras el cuidadoso estudio de miles de nuestras experiencias de entrenamiento más exitosas, las cuales acumulan más de 5 millones de horas de observación en entrenamiento. Al mismo tiempo, hemos estado al tanto del rango de desempeño de nuestros estudiantes más avanzados para evaluar cómo se encuentra su prosperidad en la actualidad, años después de haber comenzado a trabajar con nosotros. Lo que obtuvimos de nuestra encuesta nos sorprendió. Las 6 prácticas de prosperidad predijeron cuáles estudiantes llegaron a la cima y prosperaron en entornos retadores. Los estudiantes que siguieron esas prácticas tenían la tendencia a ser exitosos. En contraste, los resultados de estudiantes que nunca dominaron las prácticas, tendían a no estar satisfechos, o, si lograban algún grado de éxito, éste era fugaz.

La sección principal de este libro dedica un capítulo a cada práctica. En resumen, las 6 prácticas de prosperidad son:

Primera práctica: encuentra tu punto polar™. El punto polar de cada persona es único. Es la visualización de tu futuro, lo que esperas llegar a ser, lograr, aportar, crear. También incluye el papel importante que el dinero jugará en esas aspiraciones. Un verdadero punto polar es claro e irresistible sin ser demasiado restrictivo. Sirve como centro de unión para tus esfuerzos constantes, una meta que te inspire creatividad y un catalizador de la acción de fondo.

Segunda práctica: vive en tu zona de prosperidad. Cuando tus ganancias están alineadas con tu punto polar, decimos que estás viviendo en tu zona de prosperidad. No hay prosperidad al tener un punto polar que tus ganancias no pueden sostener. Al mismo tiempo, no hay prosperidad si tus ganancias abruman tu punto polar. Vives en tu zona de prosperidad cuando tu punto polar y tus ganancias están en equilibrio. Esto permite una prosperidad sostenible.

Tercera práctica: utiliza tu esencia para obtener ganancias. La prosperidad sostenible fluye de tus talentos y habilidades únicos. Haz un inventario de lo que realmente te motiva. ¿Qué cosas haces que parecen más juego que trabajo? Entre más apalancas la energía que fluye de esa clase de pasión, más grande es la ventaja competitiva que liberas y más satisfactorio será el ingreso. Si tuvieras la opción de estar haciendo lo que anhelas, ¿qué sería? ¿Cómo podrías canalizarlo para desarrollar prosperidad?

Cuarta práctica: comienza con lo que ya tienes. Tienes activos "escondidos" a tu alrededor, esperando ser descubiertos. Nosotros te mostramos cómo encontrarlos y ponerlos en práctica. La búsqueda de prosperidad se alimenta de hacerte consciente de la abundancia que ya tienes, no de la abundancia que crees que te hace falta. Así tu plato sea pequeño, lo importante no es qué tan lleno está al comenzar, sino que no está vacío. Ya sea que comiences con poco o mucho, si haces énfasis en lo que ya posees, seguramente terminarás con más.

Quinta práctica: comprométete con tu camino de prosperidad. Esta es tu nueva vida próspera, tú la has diseñado, el camino está delante de ti. Ahora estás guiado por una dirección clara que, muy en el fondo sabes, es dirigida por tu punto polar. Aplica tus habilidades, recursos y experiencias de vida esenciales, pon señales alrededor de ella y hazte responsable. Algo poderoso sucede cuando decides llevar la vida que realmente deseas.

Sexta práctica: toma acciones de fondo. ¡Ve tras tu meta! Implementa el plan de prosperidad que une tu satisfacción personal con un flujo de ingresos sostenible. Se requiere persistencia al dar este primer paso y el siguiente en el largo camino hacia la prosperidad. No hay esquemas de "hágase rico rápidamente", sólo la "Ley de la cosecha".

Una nota respecto a la palabra estudiante. En este libro frecuentemente llamamos estudiantes a quienes han hecho parte de nuestros servicios de educación personalizada y entrenamiento. Usamos el término para referirnos a personas de todas las edades y circunstancias, del pasado y del presente.

Este libro no se trata de mejorar tu camino hacia la prosperidad, sino de transformar tus hábitos, actitudes y respuestas. Nuestra meta es cambiar por completo tu mentalidad respecto a lo que es prosperidad, cómo alcanzarla y probablemente más importante aún, cómo sostenerla para que ella te sostenga a ti. La mayoría de personas piensa que la prosperidad es como una tierra distante y exótica que, si eres muy diligente y afortunado, de alguna manera irás a visitar por un momento. Pero si tu meta es hacer tu hogar en la tierra de la prosperidad y echar algunas raíces de verdad, en otras palabras, si estás decidido a ser próspero, entonces sigue leyendo.

TU EVALUACIÓN
DE PROSPERIDAD

¿QUÉ TAN PRÓSPERO ERES AHORA?

Lo preguntamos por una razón muy específica. En este libro hacemos esta promesa: si sigues las prácticas que te vamos a describir, tu nivel de prosperidad va a subir.

La "Evaluación de prosperidad" es una valoración rápida, interesante y multifacética, dividida en tres categorías: dinero, felicidad y sostenibilidad. Es fácil e incluso divertida, se puede hacer en internet, no hay que pagar y tienes la oportunidad de hacerla cuantas veces lo desees. La evaluación debería tomar cerca de 10 minutos. Por cada pregunta, selecciona la calificación que mejor describe tu situación. Te pedirá que identifiques en 3 categorías tus niveles percibidos de prosperidad y que los compares con tus niveles actuales de prosperidad. Pero la evaluación no termina ahí.

En una fase extendida de la evaluación, es posible invitar a tus amigos, compañeros de trabajo o familiares para que hagan la evaluación y respondan las preguntas según la manera como ellos ven tus niveles de prosperidad. Nos parece que este tipo de componente de "retroalimentación de 360 grados" ayuda a identificar áreas que ignoraste, menospreciaste o exaltaste al tomar tu prueba. Te prometemos que los resultados serán reveladores.

Encuentra la evaluación de prosperidad en esta dirección: www.prosperbook.com/assessment.

¡Prospera!

RESULTADOS PERSONALIZADOS

Después que completes tu evaluación de prosperidad, recibirás un informe personalizado. En ese informe identificamos varios atributos de prosperidad que tienes muy desarrollados, estás desarrollando o necesitas desarrollar. El informe también genera una gráfica y material adjunto que te dan un amplio panorama de tu nivel de prosperidad. A tu correo electrónico llegará una copia de tu informe personalizado para que estudies los resultados en tu tiempo libre. Por favor conserva ese informe a tu alcance porque más adelante te vamos a pedir que lo mires nuevamente.

DESCUBRE DÓNDE ESTÁS Y A DÓNDE DEBES IR

Al hacer primero tu evaluación de prosperidad harás que tu experiencia con este libro sea mucho mejor. En este punto, la parte más importante de tu viaje de prosperidad es tu actitud hacia varias situaciones que nosotros sabemos que predicen una vida próspera. Después que hayas hecho el inventario de tus actuales fortalezas y debilidades de prosperidad, creemos que los resultados que te presentamos resonarán de manera diferente. Te darán una ventaja importante al comenzar el camino hacia una mayor prosperidad. Así que adelante, haza un lado el libro por un rato y entra a www.prosperbook.com/assessment. Sabemos que te alegrará haberlo hecho.

Después, cuando hayas terminado este libro y te hayas apropiado de las 6 prácticas de prosperidad, te invitaremos a volver a tomar la evaluación de prosperidad. Predecimos que va a haber diferencias muy significativas en tu evaluación. Creemos que incluso vas a estar en mejor posición para apalancar las lecciones de este libro en tu peregrinaje de prosperidad.

INTRODUCCIÓN

El camino hacia la prosperidad no es lo que crees que es

"El viaje hacia la prosperidad es como conducir un auto en la noche. Sólo puedes ver hasta donde alcanzan las luces, pero aun así completas el viaje".

—Desconocido

Mucho de lo que aprendemos acerca de la prosperidad y cómo alcanzarla es sencillamente falso.

Los seres humanos han buscado la prosperidad desde el comienzo de la civilización. Tristemente pocos la han alcanzado. Más recientemente, su búsqueda se ha convertido en una industria. Hay miles de libros, cursos, programas y videos que prometen prosperidad. Pero para la mayoría de nosotros, el camino hacia ella parece más accidentado que nunca.

La confusión de hoy ha agitado la concepción que todos tienen acerca de la prosperidad. A los padres les preocupa que sus hijos no puedan alcanzar el mismo nivel de prosperidad que ellos tienen. En la economía todo el mundo enfrenta retos, ya sean estudiantes universitarios comenzando sus carreras, gerentes de rangos medios tratando de avanzar, empresarios esperando iniciar un negocio o trabajadores alistándose para su jubilación. Todos enfrentan realidades difíciles de empleo, progreso, compensación y seguridad laboral.

¿QUÉ ES PROSPERIDAD?

Ahora, antes de avanzar demasiado, tratemos de definir de qué estamos hablando. ¿Qué es exactamente lo que queremos decir con prosperidad?

La primera pregunta que les hacemos a nuestros estudiantes es cómo definen prosperidad. Probablemente cada uno de ellos tiene una definición única al respecto. Así es como debería ser ya que cada persona tiene un concepto diferente de lo que significaría para ella una vida próspera.

A continuación hay sólo un ejemplo de cómo las personas a quienes hemos entrevistado alrededor del mundo han definido el concepto en cuestión.

Lisa: *"Prosperidad es un estilo de vida y de pensamiento, y no tan sólo tener dinero o cosas".*

Deepak: *"Prosperidad significa tener el tiempo y la libertad financiera para disfrutar la vida a tus anchas".*

Javier: *"Ir con la corriente, tener lo que necesitas en el momento que lo necesitas".*

Pearl: *"La habilidad de lograr crecimiento personal y seguridad financiera sin sacrificar la familia ni la salud".*

Dieter: *"No vivir de sueldo a sueldo. No tener que preocuparse por el dinero o las cuentas".*

Monique: *"Prosperidad es una mezcla perfecta, equilibrada y armoniosa entre la salud, la fortuna, la plenitud familiar y la satisfacción personal".*

Tom: *"La posibilidad de hacer lo que quiero, cuando quiero".*

María: *"Prosperidad incluye obtener lo mejor de lo que quieres, aceptando las afecciones físicas que no puedes cambiar mientras te esfuerzas por tener buena salud, te das a tu familia y amigos, trabajas con la comunidad para ayudar a quienes lo necesitan, eres leal a tu religión y tienes suficiente dinero para vivir cómodamente".*

Larry: *"Estar libre de deudas con la habilidad de pagar en efectivo por todo y tener dinero disponible para situaciones de emergencia".*

Jann: *"Vivir una vida rica, de amor y compasión, riqueza y completo gozo, de cuidado y contribución, llena de risas y exploración; el gozo de amar a un hijo, ver el mundo y sus maravillas. Prosperidad es tener la capacidad de hacer todo esto en la vida".*

Pat: *"La habilidad de superar todas las tormentas de la vida, financieras o físicas, y de ayudar a los amigos a enfrentar sus luchas apoyándolos financieramente y ayudándolos a levantarse pro encima del tumulto".*

Observamos bastantes cosas en común. Muchas de las definiciones incluían términos como dinero, riqueza, ingresos, seguridad, ahorros, salud, familia y amigos. Nos impresionó ver cuántas de las definiciones de prosperidad incluían la palabra amor. También fue alentador ver cuántas definiciones incluían el servicio a los demás, el voluntariado, servir a la comunidad y otros actos de abnegación.

Ahora es tu turno

Esta es tu oportunidad de encontrar una definición útil de prosperidad, una que funcione únicamente para ti.

Adelante, inténtalo. ¿Para ti, qué significa prosperidad? Toma un momento para pensarlo. Escribe una o dos frases. Esperaremos. Y, por favor, no te preocupes por ser muy preciso. No vamos a evaluar tu definición. Más adelante, durante el desarrollo del libro tendrás la oportunidad de volver a pensar en la pregunta. Va a ser interesante ver cómo tu perspectiva sobre la prosperidad cambia después de leer este libro.

DEFINICIÓN DE PROSPERIDAD

Vemos la prosperidad multidimensionalmente. Cuando eres feliz, cuando tienes suficiente dinero y estás en paz con la manera como lo ganas, eso conduce al estado sostenible que describimos como prosperidad. Equilibrar estos tres aspectos: dinero, felicidad y sostenibilidad, lleva a la prosperidad. La prosperidad que valoramos depende de crear ingresos consistentes con nuestro yo interior y lo que somos en esencia; sin eso, ninguna compensación externa va a hacernos completamente felices.

La siguiente ecuación representa nuestra definición:

DINERO + FELICIDAD + SOSTENIBILIDAD = PROSPERIDAD

Estos son términos con muchos significados. Permítenos decirte a qué nos referimos con dinero, felicidad y sostenibilidad en el contexto de prosperidad.

Dinero

El dinero es importante, no hay duda de eso. Adoptamos la noción de que el dinero no lo es todo, pero es un componente indispensable para la prosperidad. El dinero no es, como se ha aseverado, la raíz de todos los males. El problema es el deseo del dinero; con "deseo" estamos hablando tanto de desesperación como de la necesidad constante e insatisfecha de tener dinero. La lección de la historia es que lo que genera miseria es amar al dinero por encima de lo que realmente valoramos.

El dinero es un concepto clave en este libro. Si no lo fuera, entonces también podría ser otro libro sobre felicidad. Y este libro no se trata de felicidad, se trata de cómo interactúa el dinero con nuestra vida y cómo dedicar nuestros días y esfuerzos para ganarlo. Este libro se trata menos de un medio para lograr un fin y más de analizar si tu verdadero potencial y pasión están plenamente involucrados en el proceso. Cuando así sea, estamos convencidos que ganarás más dinero y que sabrás sostener tus esfuerzos y ser más feliz.

Al hablar de dinero nos referimos a tener suficientes ingresos que respalden tus metas. Ganar suficiente dinero es absolutamente esencial para nuestro concepto de prosperidad. Ganar dinero es la diferencia entre un negocio y un pasatiempo. Creemos que es posible ser feliz con un pasatiempo, pero se necesitan ingresos para generar y sostener la prosperidad.

La gran pregunta, desde luego es: ¿cuánto dinero es suficiente para asegurar la prosperidad sostenible? La respuesta: el suficiente como para apoyar tus sueños financieros de una manera que honre tus más profundos valores y principios, pero no tanto que te distraiga o aísle de esos mismos valores y principios. El truco es hacer de tu trabajo una actividad que disfrutas y no que temes.

Felicidad

Para los fines de este libro, hemos incluido los siguientes elementos dentro del concepto general de felicidad:

- Estado mental, tener sentimientos positivos respecto a nosotros mismos y al mundo.

- Autenticidad, llevar una vida consistente con nuestras creencias, valores y principios más profundos y saber que nuestras ganancias van de acuerdo con nuestras pasiones y propósitos.

- Compromiso, adherirse a lo que más valoramos, como la familia y las relaciones.

- Salud y bienestar, buscar una prosperidad que respalde la completa salud mental y física.

Resumir todo lo que se ha escrito respecto a la felicidad está muy lejos del alcance de este libro. Así es como lo vemos nosotros. Cuando saltamos de la cama, listos para vivir el día tan plena y completamente como deseamos, cuando ganamos dinero haciendo lo que disfrutamos, cuando vivimos de manera consistente con nuestras creencias, cuando estamos satisfechos con nuestras relaciones, cuando estamos en contacto con nuestra salud, cuando estamos avanzando hacia la realización de nuestros sueños, eso es felicidad.

Sostenibilidad

Creemos que sostenibilidad es el tercero y más ignorado de los componentes de la prosperidad. El concepto de sostenibilidad dentro del contexto de riqueza es elástico y cambia continuamente, pero creemos que si puedes responder "sí" a estas 4 preguntas, es más probable que la prosperidad que buscas sea más sostenible.

1. **¿Me siento bien con lo que devengo?** La gente se siente ansiosa cuando el dinero que gana viene de hacer algo que se encuentra por fuera de su zona de comodidad. Eso es normal. La prosperidad sostenible viene cuando alineamos nuestras ganancias con lo que nos motiva y nos da los medios para vivir. Cuando amamos el trabajo que hacemos porque nos importa, nos volvemos más atentos a los detalles, más comprometidos con la excelencia y más productivos. Después de todo, si amas lo que haces, entonces no estás trabajando. Más importante aún, cuando trabajas según tu esencia, estás protegido contra la derrota cuando se presenten las adversidades ocasionales o el fracaso.

2. **¿Puedo seguir haciendo el trabajo requerido a largo plazo?** Básicamente, ¿tienes la pasión y el interés para seguir haciéndolo por años y décadas? Desgastarse o dañar tu salud al hacer algo que te hace sentir cargado no es una solución a largo plazo, y si haces uso de ese método, cualquier prosperidad que generes terminará evaporándose. Si te levantas cada día sintiéndote obligado a ir a trabajar, a la larga no vas a ser bueno en lo que haces ni vas a tener tanto éxito. Alguien apasionado por el trabajo se va a desempeñar mejor que tú.

3. **¿La prosperidad que estoy considerando es ética, benéfica para otros y ambientalmente sana?** Actualmente el éxito ya no se mide sólo por las utilidades económicas. También debes preguntarte si es ético, moral y de valor para los demás. ¿Tu brújula ética realmente está apuntando hacia el Norte? Las riquezas sostenibles son aquellas que únicamente satisfacen las necesidades del presente sin comprometer la habilidad que las futuras generaciones tengan para satisfacer las propias.

4. **¿Ofrece valor duradero?** En la prosperidad sostenible no hay espacio para métodos para hacerse rico rápidamente u oportunidades repentinas. La prosperidad sostenible se basa en la Ley de la cosecha, la concentración intencional en la vida que deseas. Y no sólo para ti, sino también para las comunidades en las que trabajas y vives.

PROSPERA DE ADENTRO HACIA AFUERA

La mayoría de las personas ven la prosperidad como un evento externo, algo fuera de su control, algo que te sucede, como recibir una herencia o ganarse la lotería.

¿Es eso lo que piensas de la prosperidad? La vida parece frágil e incierta al estar en una condición tan orientada a un estado de identidad externo. Todo lo que nos sucede define lo que somos. Nos convertimos en nuestras circunstancias. Entre más visualizamos la prosperidad como algo que existe "allá afuera", como algo que debe ser dominado, es menos probable que nos satisfaga. Será como si lucháramos por ponernos un buen traje sólo para darnos cuenta que no nos queda bien.

Tenemos un vecino que acaba de llegar de unas agitadas vacaciones. Visitó 10 países de Europa en esa misma cantidad de días. "Hice Italia en un día", presumió. Estamos de acuerdo con que haya "hecho" Italia en un día, pero ¿qué le hizo Italia a él? ¿Cómo fue transformado? ¿Cambió en algo su perspectiva? ¿Qué tiene él para mostrar debido a su choque con un idioma o una cultura diferente? Él puede haber pasado por Italia, pero ¿Italia habrá pasado por él de alguna manera significativa? Nuestro vecino está satisfecho con sus vacaciones y no queremos criticarlo. Pero, para nosotros, la prosperidad es una búsqueda, no simplemente una parada al lado del camino de la vida. Este libro está diseñado para ayudarte a alcanzar la clase de prosperidad que es sostenible para toda la vida.

NO TODOS LOS PUNTOS POLARES SON HONRADOS

Quienes ignoran sus puntos polares lo hacen poniendo en riesgo su salud, felicidad y prosperidad. Un buen ejemplo de esto es una escritora de canciones muy talentosa a quien llamaremos Jessica. Ella no sólo ha tenido una pasión por escribir canciones sino que también tiene muy buenas aptitudes para hacerlo. Una de sus primeras canciones fue elegida y grabada por un cantante de música country muy conocido. Jessica recibió más de $1.000 dólares por esa canción más las regalías, y dice que ese fue el dinero más agradable que jamás haya ganado. Nosotros creemos que ella tiene más que sólo talento natural para competir con los mejores autores de canciones en Nashville y ganarse bien la vida haciendo lo que le gusta.

Pero para ir tras sus puntos polares, Jessica tendría que dar un salto y renunciar a su empleo.

Ella no está lista todavía para hacerlo. En este momento trabaja en una compañía de seguros, tiene un empleo estable con un salario que en promedio es de $35.000 dólares al año. Tiene seguro de salud, vacaciones pagadas y otros beneficios. El trabajo cubre sus necesidades financieras, pero son las únicas necesidades que satisface. Jessica está miserablemente encadenada a un escritorio. Todo lo que desea hacer es escribir canciones, mezclarse con los músicos y ser parte del escenario musical y profesional de Nashville. Ella fantasea con escribir una canción que sea un éxito y luego vuelve a la tarea que tiene que hacer. Entiende que la brecha entre lo que más desea y con lo que está dispuesta a conformarse, es consumirse a sí misma. Jessica se lamenta cada día que no sigue su punto polar, pero hasta ahora no ha actuado.

EL VIAJE HACIA LA PROSPERIDAD COMIENZA CON PREGUNTAS

Estas son sólo unas preguntas que te planteamos para que las pongas en consideración. Respóndetelas a ti mismo, aunque para algunas personas será más fácil hacerlo con un compañero. Asegúrate de escribir tus respuestas.

1. ¿Cómo se ve mi estilo de vida ideal?
2. ¿Cuánto dinero necesito para mantener mi estilo de vida ideal?
3. ¿Qué puedo hacer para mejorar las relaciones más importantes de mi vida?
4. ¿Qué tan importante es el sentido del bienestar físico?
5. ¿Cuánto ejercicio necesito cada semana?
6. ¿Qué necesito hacer para mejorar personalmente?
7. ¿Qué debo hacer para mejorar mi autoimagen y la confianza en mí mismo?
8. ¿Cómo veo mi relación íntima con la prosperidad?
9. ¿Qué es lo que me hace más feliz? ¿Por qué?
10. ¿Cuánto valoro una vida ambientalmente sostenible?

Escuchamos cuidadosamente lo que nuestros estudiantes dicen acerca de lo que valoran. Pero a veces no logramos escuchar lo que nos dicen porque sus acciones hablan muy fuerte. En los casos más extremos, a veces decimos: "No nos digas lo que valoras. Muéstranos el estado de cuenta de tu tarjeta de crédito, y te diremos qué es lo que valoras".

¿EL DINERO TE HACE MÁS FELIZ?

Probablemente la creencia más común entre nuestros estudiantes es que los ingresos elevados están directamente relacionados con la felicidad. Ellos consideran que entre más dinero tengan, más felices y más satisfechos estarán. Nosotros hemos aprendido que retar esa creencia no es muy benéfico aunque sepamos que no siempre esa la norma.

Lo más seguro que podemos decir acerca de la riqueza y la felicidad es que el dinero sí hace más felices a las personas, pero sólo en la medida que satisfagan sus necesidades básicas como comida y vivienda. En otras palabras, si alguien está en pobreza, sin suficiente comida para alimentarse, sin una vivienda decente, ni transporte y se siente infeliz por eso, entonces definitivamente el dinero contribuirá para su felicidad. Cuando la felicidad está relacionada con las necesidades humanas básicas, entonces no hay nada mejor que el dinero para asegurarla.

Pero esa relación se rompe rápidamente cuando las necesidades básicas de alguien son satisfechas. Después de eso, los niveles medidos de felicidad cambian muy poco a medida que los ingresos crecen con el tiempo.

MÁS QUE DINERO

La prosperidad siempre se trata de una determinación de cambiar la situación de alguien y casi siempre esa determinación tiene algo que ver con el dinero. Esa relación la respetamos. La determinación y el dinero definitivamente van juntos. Pensamos que la búsqueda de dinero es recomendable y respetable. Lo que necesita mayor inspección son las intenciones de la persona.

Al mismo tiempo, la prosperidad tiene que ver con mucho más que sólo éxito financiero. Entre quienes logran esta clase de éxito, hemos visto que esa victoria es efímera, inconsistente o decepcionante. Igualmente, hemos entrenado a algunas personas para que tengan vidas de riqueza abrumadora, equilibrio y, sí, gracia. Eso es lo que llamamos prosperidad sostenible.

La siguiente historia ilustra el poder de cómo las personas ven el mundo bajo una óptica diferente cuando están en contacto con sus verdaderos valores:

Un geólogo de playas fue entrevistado cuando surgió un terrible huracán que causó muchos daños en las comunidades costeras de Carolina del Norte. El reportero le preguntó qué le hacen los huracanes a las playas. Ahora, la respuesta de la mayoría de personas a esa pregunta es: "Los huracanes son muy destructivos. Las playas se dañan, y los residentes se enfadan mucho". En una parte de la entrevista el geólogo dijo: "¿Sabe? No puedo esperar para volver a salir a esas playas, tan pronto como haya pasado esta tormenta".

"¿Qué espera encontrar allá?" preguntó el periodista.

Antes de leer más ¿qué respuesta darías a esa pregunta? Después de un huracán destructivo ¿qué buscarías?

Esto es lo que dijo el geólogo: "Espero encontrar una nueva playa".

¿Qué significaría si viéramos el cambio como ese geólogo ve las playas, mirando más allá de nuestra mentalidad actual? ¿Si celebráramos la novedad que se acaba de revelar en lugar de lamentarnos por lo que se perdió? Esta historia nos recuerda que el cambio nos sorprende con mucha frecuencia de una manera que nos impide darle la bienvenida. De hecho vemos la novedad como una piedra de tropiezo para nuestros planes.

Te invitamos a comparar la lectura de este libro como otra mirada hacia una playa completamente nueva en tu vida. Mírala como una perspectiva innovadora acerca del equilibrio entre el dinero y la felicidad.

ÚNETE A NOSOTROS EN EL VIAJE HACIA LA PROSPERIDAD

La mejor manera de determinar tu definición de prosperidad es tener completa claridad en tu mente de cómo es una vida de prosperidad para ti. Entre más detallado seas respecto a tus circunstancias, deseos y metas, más concreta será tu definición. Este no es sólo un ejercicio académico. Basados en la observación de miles de estudiantes trabajando para alcanzar sus visiones de prosperidad, te decimos que cuanto mejor articules con mayor claridad lo que exactamente significa prosperidad para ti, más probable te será que la alcances.

Para cada lector: queremos que sepas que dedicamos nuestras vidas a ayudarte a *prosperar*. Esperamos ser tus guías en este viaje hacia tu prosperidad. ¡Te invitamos a definirla, crearla y vivirla!

CAPÍTULO 1

ENCUENTRA TU PUNTO POLAR

"El maestro en el arte de vivir hace muy poca distinción entre su trabajo y su juego, su labor y su tiempo libre, su mente y su cuerpo, su educación y su recreación, su amor y su religión.

Difícilmente sabe qué es qué. Sencillamente persigue su visión de excelencia en lo que sea que haga, dejando que otros decidan si está trabajando o jugando. Para él, siempre está haciendo ambas cosas".

—DE LA TRADICIÓN BUDISTA

Con tu punto polar, nos referimos al destino final que te guía, que te inspira cuando estás avanzando y que te corrige cuando te sales del curso. Es la chispa que enciende tu camino en la oscuridad.

En Astronomía sólo hay una Estrella Polar, también conocida como la Estrella del Norte. Es única entre los billones de estrellas porque es el faro prácticamente más alineado con el eje de rotación del norte de la Tierra. A medida que nuestro planeta gira, las estrellas y constelaciones se mueven por el cielo, excepto la Estrella Polar, que permanece fija en el cielo relativo a la Tierra y es posible verla en cualquier momento, así que el verdadero Norte queda revelado. Como consecuencia, ha guiado a los viajeros desde los comienzos de la historia humana.

La Estrella Polar o del Norte, ha asegurado el destino de incontables navegantes en tierra y mar. Es por eso que el concepto de punto polar te será útil para guiarte. Todo lo que se necesita es que cuidadosamente elijas un punto en el horizonte, asegurándote de moverte continuamente hacia allá. Este es tu punto polar. Mientras tanto, considéralo como el único objetivo que realmente valga la pena seguir.

En este capítulo te ayudaremos a encontrar tu punto polar.

TU ÚNICO PUNTO POLAR

El punto polar de cada persona es único. Es la visualización de tu futuro, lo que esperas llegar a ser, lograr, aportar, crear, buscando la forma de relacionarlos con el dinero. Un verdadero punto polar es claro e irresistible sin ser demasiado restrictivo. Sirve como punto focal de unión para tus esfuerzos constantes en la búsqueda de ganancias; es una meta que inspira creatividad y un catalizador para tomar acciones de fondo (Mira el capítulo 6).

Esta es la manera como pensamos en el punto polar. Imagina que estás al final de una vida exitosa en la cual has alcanzado todas las metas que te has trazado. No tienes de qué lamentarte. Estás invitado a tu propio funeral. Ahora, ¿qué es lo que esperas que la gente diga de tu vida? Si la has alineado con tu verdadero yo, es muy probable que los elogios mencionen tu punto polar, no porque quienes te acompañaron te hubieran oído hablar al respecto, sino porque tus acciones y aportes hicieron evidente tu Norte convincentemente.

¿DÓNDE ESTÁ EL DINERO?

Un punto polar es único porque siempre se refiera a tu relación con el dinero. Sí, por lo general también habla de tu ética, valores y pasiones. Puede reflejar tus esperanzas y deseos de felicidad y prosperidad. Pero siempre define un aspecto fundamental de cuán importante es el dinero para ti. Cualquiera que sea la cantidad de dinero que creas que vas a necesitar, tu punto polar tiene algo que decir respecto a cómo tu sentido de prosperidad determina el ingreso que pretendes generar.

Permítenos mostrarte a qué nos referimos. Les pedimos a 5 personas que compartieran sus puntos polares.

Ellen: *"Mi gozo y pasión es enseñar. En lo que quiero invertir mi salud, riqueza y trabajo por el resto de mi vida es en ver la transformación en las vidas de jóvenes. En lugar de llenar cuentas de bancos, quiero llenar de conocimiento e integridad las mentes de futuros líderes. Quiero hacerlo trabajando hombro a hombro con mi esposo".*

Floyd: *"Deseo proveer para mi familia y otros familiares que no tienen los medios para alcanzar sus propios sueños y aspiraciones. No tengo problema con trabajar 60 horas a la semana mientras así aporte para sus aspiraciones y logre mantener relaciones saludables y fuertes con ellos. El dinero es menos importante para mí que un legado duradero".*

Héctor: *"Quiero dejar un legado de honor, servicio y excelencia por la prosperidad. Estoy dedicado a toda una vida de defensa de mi país como miembro de las Fuerzas Armadas. Sé que no ganaré tanto como podría en otras profesiones, pero un patrón de honor y seguridad para mis hijos es más valioso que el oro".*

Steven: *"Deseo vivir a plenitud. El dinero se invierte mejor en experiencias. Quiero llevar una vida que sea una línea de experiencias excepcionales. Para esto necesito crear un ingreso sustancial que me permita tener flexibilidad. Trabajaré duro, pero también jugaré duro. No permitiré que la búsqueda de dinero supere mi meta de 'aprovechar el día'".*

Tamara: *"Quiero una vida que sea sencilla y libre de preocupaciones. Mi anhelo es echar raíces en un vecindario y vivir ahí por mucho tiempo. Sólo aspiro a trabajar entre 20 y 30 horas a la semana y disfrutar del tiempo con mis hijos, familia y mascotas. Esas relaciones irán antes que la búsqueda de cosas materiales y de lo que necesito. Estoy dispuesta a gastar mucho menos y vivir en una casa más pequeña para lograrlo. Controlaré el dinero y éste no controlará mi calidad de vida".*

LOS PUNTOS POLARES DE LOS AUTORES

Determinar sus propios puntos polares, y ponerlos en lenguaje concreto, es una de las tareas más retadoras que jamás llegue a enfrentar la mayoría de personas. Nosotros mismos luchamos con el proceso de identificar nuestros puntos polares y creemos que te servirá de ayuda si te mostramos acerca de cómo llegamos a ellos, las circunstancias en las cuales surgieron y cómo los expresamos:

Ethan Willis: *"Antes de darte mi propio punto polar, quisiera que supieras un poco acerca de mí. De mi niñez en el sur de California no logro recordar una casa que hubiera sido propiedad de mi familia. Compartíamos todo con mis 6 hermanos y hermanas. Lo que más recuerdo es que, aunque no había mucho que compartir, todos nos llevábamos bien y éramos felices colaborando. No fue sino hasta mucho después que entendí que teníamos muy poco. Aún así, con frecuencia me parecía que nuestra familia gozaba de algunas temporadas de prosperidad.*

Mi madre trabajaba como enfermera en un turno nocturno ayudando en partos de bebés con alto riesgo. Ella me enseñó que yo podía ser cualquier cosa que deseara en la vida, si sólo encontraba la solución correcta y la ponía en práctica. Mi padre nació en una granja lechera y me enseñó el valor de levantarse temprano y trabajar duro. Salía de la casa a las 5:00 a.m. a trabajar en dos hospitales diferentes como especialista respiratorio y volvía tarde a nuestro hogar. Pero así estuviera cansado, él nos levantaba a todos los hijos a las 4:30 a.m., para orar en familia antes de irse. Leíamos la Biblia y expresábamos gratitud por las bendiciones de la vida.

La meta para mi papá era proveer para nosotros una vida mejor que la que él tuvo. Con ella en mente, mi padre tenía claro que una mejor vida era más que sólo dinero. Hablaba de la importancia de ser feliz y vivir con propósito. Yo era un adolescente cuando mi padre falleció debido al cáncer. Para honrar su sacrificio, me comprometí a cumplir con la meta que él había trazado para nosotros. En ese momento comenzó mi camino consciente hacia la prosperidad.

Primero busqué la presencia de Dios. Quería entender en realidad de qué se trataba la vida, a dónde había ido mi padre y qué podía hacer para asegurarme de volver a estar con él. Después de dejar pasar oportunidades, como jugar béisbol para el equipo de preparación de los Dodgers de Los Ángeles, decidí ir a Brasil en un viaje de servicio misionero voluntario. Durante mi tiempo en una de las partes más pobres de Brasil, aprendí algo respecto a la pobreza y la prosperidad.

Cuando observé más de cerca, encontré algo completamente inesperado. Personas en circunstancias exactamente iguales, con los mismos niveles de ingresos, experimentaban sus situaciones de maneras diametralmente diferentes. Algunas familias vivían en la vil pobreza. Pero otras, con muy pocos recursos a su nombre, vivían de tal manera que parecían mucho más satisfechas e incluso prósperas. Me impactó lo evidente que es, en cierto grado, que la pobreza y la prosperidad sean estados mentales.

Después de 2 años, cuando volví a los Estados Unidos, tenía dos cosas bien claras:

(1) La prosperidad es una elección. (2) Sólo tú puedes definir cuánto dinero necesitas para ser próspero. Me tracé la meta de ganar suficiente dinero y hacerlo de una manera que ayudara a otros a hacer lo mismo. Ese fue el comienzo de mi punto polar. Desde entonces he buscado la prosperidad de muchas maneras: desde comenzar por sentirme atrapado en mi empleo e intentar subir en la escalera corporativa, hasta iniciar mi empresa, luchando para poder pagar los sueldos cada semana; mi búsqueda también incluyó vender servicios de control de plagas puerta a puerta, al tiempo que criaba 5 hijos equilibrando las relaciones familiares con las exigencias del mundo; además sé lo que es trabajar con autores y millonarios famosos experimentando las perspectivas de prosperidad de la Escuela de Negocios de Harvard, viendo personas de 80 países esforzarse por prosperar, empleando a más de 2.000 trabaja-

dores y luchando por encontrar equilibrio entre el dinero, la felicidad y el propósito.

Mis últimos 15 años han sido dedicados a definir, vivir y enseñar prosperidad. Todos tenemos una historia y espero que compartir un poco de la mía, sea útil para que entiendas cómo sí me es posible ayudarte en tu camino".

PUNTO POLAR DE ETHAN

"Aplazaré la gratificación instantánea para buscar la prosperidad a largo plazo. Trataré mi tiempo como un activo. Invertiré las mayores sumas en todo aquello que dure más. Mis mayores prioridades son mi esposa, mis hijos, mis familiares, mis amigos cercanos y mis compromisos con Dios. Mis ganancias serán para sostener a mi familia y edificar a la gente, las empresas y las ideas que mejorarán el mundo. Las ganancias y utilidades serán los aplausos que me den los clientes debido al valor que reciben".

Randy Garn: *"Crecí en un pueblo pequeño con mis padres, quienes me enseñaron el valor de la integridad y el trabajo duro. Mi padre y mi madre enseñaban en la escuela secundaria local. Mi madre era la maestra de inglés y entrenadora de debate. Mi padre era el director de atletismo y entrenador principal del equipo de fútbol americano del la escuela secundaria.*

Una de las experiencias de aprendizaje más importantes de mi vida fue ver a mi padre entrenar e inspirar a atletas estudiantes para que alcanzaran su máximo potencial, animándolos a que no siempre estuvieran enfocados únicamente en el fútbol. Su ejemplo cimentó en mí el poder del trabajo en equipo y la importancia del papel de un buen entrenador. De mi padre aprendí que si quería algo y me esforzaba por lograrlo, entonces nada era imposible. Aprendí que el dinero era importante, pero muchas otras cosas también lo eran, y mucho más. Para mí las grandes fuentes de bienestar y felicidad son las relaciones que me edifican y en las que yo edifico a los demás.

Siempre he tratado de vivir a plenitud cada día, y en cada circunstancia tengo una perspectiva positiva y optimista. Sólo tengo una vida para vivirla y existe sólo una oportunidad para dejar mi marca en este mundo. Quiero aprovechar esa oportunidad y dejar el mundo en una mejor condición de como lo encontré. En mi perspectiva, la mejor manera de hacerlo es ayudando a la mayor cantidad de personas que pueda y buscando lo mejor en los demás en lugar de ver sus fallas. Para animar a otras personas debes estar parado en suelos más elevados.

Tengo una gran pasión por la innovación y el emprendimiento. Me encanta ayudar a otros empresarios a crecer y florecer. En especial estoy orgulloso por mi papel en ayudar a iniciar y a administrar muchas empresas para que tengan éxito, generen empleos, utilidades y valor para el disfrute de otros. Tener suficiente dinero es importante, pero mi pasión es animar a los demás a asumir una idea y convertirla en un negocio próspero".

PUNTO POLAR DE RANDY

"Encontré mi punto polar cuando llegué a entender que por medio de la tecnología, la educación y el trabajo duro, tengo la oportunidad de ayudar a cambiar el mundo, una persona a la vez. Me encanta ser entrenador, un guía, una fuerza motivadora positiva en la vida de otros. Valoro las relaciones humanas. Tengo una habilidad única de conectar a las personas de una manera que genere valor duradero. El dinero es importante para mí, pero mi pasión es ser la conexión entre lo que otros desean llegar a ser y cómo serlo. Realmente me encanta ver triunfar a la gente".

PUNTOS POLARES EN ACCIÓN

En su libro *The Transparent Leader*, Herb Baum, el ex Presidente y Director Ejecutivo de Dial, ilustra cómo funcionan los puntos polares al trabajar para mantener a las personas en línea con sus aspiraciones más elevadas. Hay intensa competencia entre su compañía y Colgate en áreas como jabón, champú y otros mercados de billones de dólares. Él relata haber recibido una llamada telefónica de Reuben Mark, el Presidente y Director Ejecutivo de Colgate-Palmolive, diciendo:

"Tengo mucho respeto por la compañía (Colgate) y sabía que Reuben era un Director Ejecutivo sobresaliente con una excelente reputación. El día que me llamó, dijo que tenía en su poder un CD con el plan de mercadeo del jabón Dial para el año. Un miembro de su fuerza de ventas se lo había dado (un ex empleado de Dial que se lo llevó consigo cuando renunció para unirse a Colgate), y eso quería decir que las estrategias de una de las líneas de producto más importantes de Dial había sido revelada y podía resultar en la pérdida de utilidades, ingresos y pérdida de participación de mercado.

'Herb', dijo Reuben, 'uno de nuestros nuevos vendedores le dio este CD a uno de mis gerentes de ventas. No voy a mirar esta información y te la voy a devolver de inmediato. Me haré cargo de eso'. Fue el caso más claro de liderazgo de honor y transparencia que jamás haya presenciado en mi carrera. Después de todo, ¿quién espera que un director ejecutivo llame a su competidor y le diga que tiene una copia detallada de su estrategia de negocios? Si él no lo hubiera hecho, yo nunca lo habría sabido, pero esa llamada me dio más comprensión de su carácter que cualquier otra cosa.

No fue difícil ver por qué había tenido tanto éxito en su carrera. Él sabía que no necesitaba ganar una ventaja competitiva injusta para triunfar, así se le presentara la oportunidad. Él eligió no abandonar su estilo de liderazgo y tuvo el valor de mantener sus principios incluso cuando eso significara dar información confidencial que podía haber ayudado a su empresa a ganar una ventaja. (Baum y Kling 2004, 31)".

Para nosotros, lo que Baum llamó liderazgo de honor y transparencia, en realidad describe el punto polar del director ejecutivo de Colgate. Suponemos que a comienzos de su carrera, Reuben Mark decidió que el único éxito legítimo era el que se ganaba y que no toleraría ninguna ventaja injusta de ninguna manera. El honor y la transparencia que Baum describió son muy reales porque son consecuencias del punto polar de Mark. Todo ser humano puede verse tentado a violar lo que sabe que es correcto. Su claridad respecto a cómo ganaría dinero y la manera como no lo haría, fue la que guió su decisión ejecutiva. Cuando llega la tentación, es muy importante tener valores sólidos del punto polar que te guíen.

MENTORES DE PUNTO POLAR

Algunas personas conocen instintivamente cuál es su punto polar. Pero la mayoría de personas, como nosotros, tenemos que trabajar en él.

Una gran manera de tener una perspectiva clara de lo que puede ser tu punto polar es pensar en las personas que más admiras. Pensamos en ellas como mentores del punto polar. Pueden ser gente que conoces, como tus padres o un querido maestro. Pueden ser líderes mundiales, científicos famosos, atletas, astronautas, u otras celebridades que ves desde lejos. Si sientes que la vida de esa persona representa algo que anhelas emular, es probable que en su experiencia haya algún elemento de tu punto polar.

Clayton Christensen, un influyente Profesor de la Escuela de Negocios de Harvard, es una persona completamente comprometida con un punto polar que, para nosotros, trata de la integridad de nunca comprometer las cosas que más importan (Christensen 2010).

La mayoría de nosotros conoce la diferencia entre el bien y el mal pero a veces es tentador suavizar nuestras normas. Nos susurramos a nosotros mismos: "Bien, sé que como norma general yo no debería estar haciendo esto. Pero en esta extenuante circunstancia en particular, sólo para mí, sólo por una vez, no es tan malo. Nunca lo volveré a hacer". ¿Te suena familiar? Muchos de nosotros pasamos por estos razonamientos. Esto suele sucedernos con las elecciones que hacemos sobre cómo asumimos el ganarnos la vida.

El término técnico de este vaivén moral, nos enseñó el profesor Christenssen, es el costo marginal. El costo marginal de hacer algo mal "sólo por esta vez" siempre parece seductoramente bajo. Te succiona y nunca miras a dónde te va a llevar ese camino en el futuro. Este costo compromete tu punto polar.

ELIGE TU PUNTO POLAR O ÉL TE ELEGIRÁ A TI

Cuando se trate de decidir cuál debería ser tu punto polar, sólo asegúrate de que tu objetivo sea cierto. Es por eso que es tan importante comenzar con lo que ya tienes y trabajar a partir de tu esencia.

En la película *Up in the Air*, Ryan Bingham (interpretado por George Clooney) tiene un punto polar que consiste en completar 10 millones de millas como viajero frecuente. Bingham creía que sería feliz cuando finalmente completara todas esas millas. Fantaseaba con los beneficios y el estatus que tendría como resultado: acceso al primer lugar en la fila, sillas de primera clase, atención de lujo, vino gratis y, por sobre todo, ser reconocido por su nombre. El estatus, incluso más que el dinero, puede ser un motivador poderoso. Cuando Bingham finalmente alcanzó su meta de 10 millones de millas durante un vuelo de Chicago a Omaha, el piloto principal de American Airlines hizo de la entrega de la codiciada tarjeta de grafito todo un evento, esa tarjeta le concedía acceso a su propio representante de servicio al cliente. Pero la satisfacción fue efímera. El interés que Bingham tenía en esa meta ya estaba menguando, había comenzado a buscar la plenitud en otra parte, y por tal motivo ese momento fue muy triste.

La teoría de la felicidad sugiere que las prioridades personales son muy importantes para determinar la satisfacción personal. Por ejemplo, quienes hacen énfasis en la generosidad y la abnegación, y se sienten bien dando parte de su prosperidad, tienden a ser más felices que aquellos que se concentran en obtener más y más bienes materiales. En la película, Ryan Bingham, experimentó ese fenómeno. Aunque ahora podía reservar vacaciones de primera clase para ir a un lugar exótico en cualquier parte del mundo sin ningún costo, no le interesaba mucho subir a otro avión. Pero sí sintió satisfacción al transferir algunas millas de su cuenta para que su hermana finalmente pudiera cumplir su sueño de toda la vida de visitar Paris.

Si encuentras que estás siendo evasivo con tu punto polar, es muy probable que haya algo fuera de línea y que seguramente tu camino no sea sostenible. Estas evasivas las vemos en *Up in the Air* en una conversación de Ryan Bingham con Natalie, una joven a quien él sirve de mentor.

Natalie: "Muy bien, tienes que explicarme lo de la cuestión de las millas. ¿De qué se trata?"

Ryan: "No invierto un centavo si puedo evitarlo, a menos que de alguna manera mejore mi cuenta de millas".

Natalie: "¿Entonces para qué estás ahorrando? ¿Hawái, sur de Francia?"

Ryan: "No es eso. Las millas son la meta".

Natalie: "¿Eso es todo? ¿Estás ahorrando sólo por ahorrar?"

Ryan: "Sólo digamos que tengo un número en la mente y no lo he alcanzado".

Natalie: "Eso es un tanto abstracto. ¿Cuál es el objetivo?"

Ryan: "Preferiría no decirlo".

Natalie: "¿Es un objetivo secreto?"

Hay varias razones por las cuales recomendamos que hagas público tu punto polar. Primero, si puedes ser abierto respecto a tu destino, es una buena señal de que vas en un rumbo que es sostenible. La transparencia es buena. Segundo, ser visible con tu destino permite que otros te acompañen o incluso te ayuden.

LA ÚNICA DIRECCIÓN
ES EL NORTE

La dirección en la búsqueda de la prosperidad es la marca indicada por tu punto polar. Cuando no estés seguro de estar en el camino correcto, todo lo que tienes que hacer es ubicar tu punto polar. Mantén tus ojos en tu meta personal y siempre te estarás moviendo en la dirección correcta.

De vez en cuando te vas a encontrar fuera de curso a medida que vayas girando hacia tu punto polar. Esto es normal. Lo importante es que notes cuándo estás fuera de curso y que hagas pequeñas correcciones.

Resulta que sin un punto de referencia, la gente, literalmente camina en círculos. Una nueva investigación del Instituto Max Planck para la Cibernética Biológica en Tübingen, Alemania, encontró que sin un punto de referencia, la gente sencillamente no logra caminar en línea recta (Souman et al. 2009). Haciendo uso de dispositivos GPS, los investigadores estudiaron participantes que caminaron por muchas horas en el Desierto del Sahara y en el Bosque de Bienwald, en Alemania. El resultado mostró que los participantes sólo seguían un camino derecho cuando podían ver el sol o la luna; tan pronto como sus puntos de referencia desaparecían tras las nubes, los participantes comenzaban a caminar en círculos sin ni siquiera saberlo. Sin excepción.

Es por eso que es completamente necesario que constantemente tengas presente tu punto polar. Sin éste, puedes pensar que estás siguiendo una línea recta hacia la prosperidad, pero probablemente sea una ilusión y en realidad tu progreso, en el mejor de los casos, sea muy ineficiente, o en el peor, estarás yendo rápidamente hacia ninguna parte. Todo el mundo necesita un punto de referencia.

ENCUENTRA TU PUNTO POLAR

Pasos de prosperidad

Este ejercicio te guiará en el proceso de identificar tu punto polar y enmarcar una declaración que lo describa en términos de acciones. El proceso comienza con aclarar tus valores y su relación con el dinero. Después que recorras los primeros tres pasos, estarás listo para enmarcar un punto polar basado en tus valores más profundos.

Completa este paso de prosperidad en línea en www.prosperbook.com/PS1.

Qué es lo que más valoras

Identifica tu trabajo importante y tus valores personales. Haz una lista de lo que más deseas en la vida. Al terminarla, elige los 10 mejores deseos.

Eliminación

Ahora que has identificado los 10 mejores deseos, elimina 7 más hasta que quedes con tus 3 deseos más importantes. Muy seguramente estos sean la base para tu punto polar.

Evaluación

Considera las siguientes preguntas respecto a los 3 mejores deseos que quedan en tu lista.

1. ¿Qué tienen en común tus selecciones?

2. ¿La manera como ganas tus ingresos en la actualidad está en línea con tus anhelos más sentidos?

3. ¿Qué dice esa lista respecto a lo que esperas de ti mismo?

4. ¿De qué manera tu vida y tu carrera serían diferentes si consistentemente te concentraras en todo aquello que más valoras?

5. ¿Esta lista refleja la manera como realmente diriges tu vida?

Define tu punto polar

Escribe una declaración de identificación que abarque tus 3 metas más importantes. Comienza esa afirmación con "Mi punto polar incluye..."

Luego escribe una declaración que enmarque tu punto polar, incluyendo esas tres selecciones.

Ejemplo

Supongamos que mis 3 selecciones fueron una carrera significativa, suficiente dinero para jubilarme a los 70 años y una relación más profunda con Terry.

La respuesta de identificación

Mi punto polar incluye una carrera significativa, suficiente dinero para jubilarme a los 70 años, y una relación más profunda con Terry.

La respuesta de enmarcación

Prometo guiar cada aspecto de mi vida por mi compromiso con una carrera significativa y concentrarme en mi plan de jubilación a fin de retirarme a los 70 años, mientras sigo desarrollando una relación más profunda con Terry.

Ahora, hay millones de maneras de expresar un compromiso con cualquier conjunto de prioridades. De hecho, probablemente haya tantas declaraciones de punto polar como personas en el mundo. No podemos poner palabras en tu boca, sólo tú puedes hacerlo. Sabemos que no es fácil, definir tu punto polar requiere un verdadero cuestionamiento propio seguido de una reflexión sostenida de lo que más importa. Con frecuencia se siente como el trabajo más difícil del mundo.

CAPÍTULO 2

VIVE EN TU ZONA DE PROSPERIDAD

"Mi meta no era ganar una tonelada de dinero.
Era hacer buenos computadores".

—STEVE WOZNIAK, COFUNDADOR DE APPLE

Como ejercicio, se le solicitó a un grupo de personas que hiciera una lista de las "Siete maravillas de su mundo". Casi todo mundo tiene conocimiento de las "Siete maravillas del mundo antiguo" (Las Pirámides, Los Jardines Colgantes de Babilonia, El Faro de Alejandría, etc.) de las cuales, la mayoría ya no existe.

Muchos tomaron unos minutos para escribir su lista y uno por uno compartieron lo que reconocían como los ejemplos más milagrosos de maravilla en la Tierra. Aunque había algunas diferencias en las listas, muchas de las respuestas mencionaron combinaciones de las siguientes maravillas naturales y hechas por el hombre:

El Gran Cañón.

El Puente Golden Gate

La Gran Muralla China

El Monte Everest

El Taj Majal

El Canal de Panamá

El Edificio Empire State

La Basílica de San Pedro

El Telescopio Espacial Hubble

Una persona (llamémosla Ruth) aún no había terminado su lista. Cuando uno de los facilitadores le preguntó si se le estaba haciendo difícil, Ruth respondió: "Sí, un poco, no logro decidirme porque hay muchas para elegir". El facilitador le respondió: "Bueno, dinos lo que tienes hasta ahora". Ruth vaciló y luego miró su lista: "Creo que las siete maravillas del mundo moderno son...

Ver

Escuchar

Tocar

Oler

Reír

Sentir

Amar".

Todo el mundo quedó en silencio al ver la profundidad de lo que Ruth había dicho. Cada punto de su lista no sólo era gratis, sino que estaba completamente disponible sin límites para todos en el salón.

En esta historia, Ruth amablemente le recordó al grupo, e incluso al facilitador, que ninguna cantidad de dinero puede comprar las cosas más preciosas y maravillosas de la vida. Esas son las propiedades que todos poseemos y que pasamos por alto y es precisamente lo que esta historia ilustra de manera profunda.

Lo que queremos que nuestros estudiantes hagan, es que noten las maravillas que sí existen, las que son posibles visitar y tocar, ya sea en un sitio lejano o justo al lado de su casa. Este ejercicio de pensamiento tiene mucho que ver con las 6 prácticas de prosperidad que cubrimos en este libro y es parte del ejercicio de definición de valores que hemos dirigido docenas de veces.

BIENVENIDO A LA ZONA DE PROSPERIDAD

La zona de prosperidad es aquella en la que encuentras tu área de equilibrio entre el dinero, la felicidad y la sostenibilidad. En otras palabras, estás en la zona de prosperidad cuando te encuentras viviendo tu mejor momento, cuando eres feliz, tú y otras personas, con lo que haces para ganar dinero, cuando el trabajo no parece trabajo para nada y disfrutas cada paso que das. Tu zona de prosperidad es el lugar en donde lo que te encanta hacer más que cualquier cosa en todo el mundo, también te hace ganar dinero. Permaneces en tu zona de prosperidad cuando trabajas con tu esencia y haces lo que te encanta hacer.

Es cierto que hay momentos en los que más dinero predice más felicidad. Pero la relación en realidad es un poco más complicada. Ganamos poco en el camino de la prosperidad si nuestros gastos aumentan al mismo ritmo que nuestros ingresos. En esos casos, nuestro estándar de vida aumenta, pero vivir sólo con lo justo promueve muy poco la felicidad. La verdadera prosperidad crece no sólo a medida que crece tu felicidad o tus ingresos, sino también como la diferencia entre la felicidad y los ingresos.

¿Cómo es posible crear prosperidad sostenible? Simplemente asegúrate de que la diferencia entre lo que ganas y lo que necesitas para financiar tu punto polar no sólo sea positiva sino que también crezca con el tiempo.

La rueda hedonista

¿Alguna vez deseaste demasiado algo y te esforzaste por obtenerlo pensado que te sentirías satisfecho tan pronto lo tuvieras, únicamente para ver que al obtenerlo tuviste satisfacción nada más por un tiempo pero luego viste que no era suficiente y fijaste tus ojos en otra cosa? Esta es una tendencia humana normal con un nombre fantasioso. Los investigadores la llaman la rueda hedonista (Brickman, Coates y Janoff-Bulman). También conocida como adaptación hedonista, es la tendencia a volver rápidamente a tu nivel de felicidad anterior a pesar de adquirir cosas que anteriormente habías creído que te iban a hacer más feliz.

Esto lo hemos visto una y otra vez. De hecho, muchos de nuestros estudiantes alcanzan un periodo de tener tanto felicidad como suficiente dinero. Pero luego todo se les derrumba. El patrón es muy familiar. Los ingresos comienzan a aumentar, la felicidad se incrementa, lo cual conduce a un tiempo de prosperidad. El problema es que, para algunos de nuestros estudiantes, el sentido de prosperidad resultante es efímero. Generalmente la felicidad comienza a desvanecerse a medida que las personas se acostumbran a sus nuevos ingresos, sus apetitos crecen y pierden el control de sus gastos y quedan atrapadas en un patrón de insatisfacción, el cual las lleva a gastar aún más.

No nos malinterpretes. Creemos que es muy bueno que nuestros nuevos estudiantes adinerados gasten lo que han ganado. Pero es muy importante hacer que los gastos respalden tu punto polar. Por esa razón es tan importante mantener tu mirada en la sostenibilidad; protege la prosperidad que estás esforzándote por crear.

El abogado y el conserje

Considera a dos hombres. Uno llegó a ser un exitoso abogado corporativo y el otro llegó a ser el conserje en una escuela pública. En esencia los dos querían las mismas cosas en la vida: seguridad financiera, tiempo de calidad con sus hijos y esposas, así como una porción de felicidad y autonomía para dedicarse a sus pasatiempos y aportar a la comunidad.

El abogado gana $750.000 dólares al año, tiene una hermosa casa en una zona prestigiosa de la ciudad, conduce un auto de lujo y tiene el respeto de sus colegas en el medio legal. Desde afuera, parece que el abogado está viviendo una vida próspera. Pero una mirada más de cerca muestra una realidad más complicada. El abogado está preocupado porque, aunque tiene un ingreso de 6 cifras, tiene que trabajar 70 horas a la semana para pagar la hipoteca y seguir viviendo de sueldo a sueldo. Sus hijos están creciendo sin él, su trabajo ha desplazado los pasatiempos de su vida y aportar a la comunidad es sólo un punto más en su "lista de pendientes" la cual parecer ser cada vez más larga. Él ha perdido de vista su punto polar.

Mientras tanto, miremos al conserje. Sus ingresos son una fracción de los ingresos del abogado. Aunque probablemente no tiene grandes aumentos salariales, disfruta de arreglar cosas y es bueno en su trabajo, así que su posición es estable. Su horario es de 4:00 a.m. hasta las 12:00 del medio día, por lo tanto pasa las tardes en casa con sus hijos, les ayuda con sus tareas y prepara la cena para la familia. Su residencia es modesta, pero pronto la terminará de pagar. La familia tiene unos ingresos discrecionales para hacer viajes de campo y acampar con los chicos exploradores y tiene la posibilidad de darse algunas escapadas de fin de semana con su esposa. Hace trabajo voluntario en un centro para ancianos y le encanta su pasatiempo de refaccionar autos antiguos. Sus ingresos son más que suficientes para financiar el estilo de vida que ha elegido y sus ahorros aumentan cada mes.

La prosperidad viene de saber cuáles son tus propios talentos esenciales y tus pasiones, de crear una actividad rentable en torno a esos talentos y pasiones e implementar esa actividad como un plan de ingresos que sea sostenible a largo plazo. Cuando tienes esos elementos en equilibrio es cuando decimos que estás en tu zona de prosperidad.

Ingresos y felicidad

Hemos dedicado más de 10 años a ver a nuestros estudiantes navegar por la relación entre los ingresos y la felicidad. Es claro que los ingresos aumentan la felicidad del estudiante cuando le permiten llevar una vida de clase media, pero más allá de ese punto, ellos hacen muy poco o nada por aumentar su felicidad. Sí, los estudiantes que ganan $100.000 dólares al año tienden a ser más felices que quienes ganan $25.000. Pero los estudiantes que ganan $1 millón de dólares al año no siempre son más felices que quienes ganan $100.000. Lo que sucede es que a medida que los estudiantes ganan más dinero, sencillamente reajustan la barra de felicidad. Si ganan $50.000 y no se ven más felices, deciden que seguramente serán felices cuando ganen $75.000.

La realidad es que sin importar cuánto ganen algunos estudiantes, muchos de ellos nunca encontrarán la felicidad que buscan al concentrarse sólo en los ingresos.

La relación entre el dinero y la felicidad no es completamente directa. Permítenos mostrarte a qué nos referimos. Considera dos opciones en las que ganes diferentes cantidades de dinero. ¿Cuál elegirías?

- Un ingreso anual de $50.000 dólares cuando el ingreso promedio es de $25.000.

- Un ingreso anual de $75.000 dólares cuando el ingreso promedio es de $100.000.

Si asumes que las personas toman decisiones racionales para sus mejores intereses, concluirías que la mayoría elige la segunda opción. Después de todo, les da $25.000 dólares más por año. Pero, en realidad, hasta la mitad de personas a las que se les presentó este escenario, eligieron la opción de ingresos más baja (Shermer 2008). La ciencia de la economía del comportamiento viene al rescate para explicar por qué. Parece que la total cantidad de dinero que ganamos es menos importante que cómo nos comparamos con respecto a los demás. Muchos de nosotros preferiríamos acomodarnos con menos siempre y cuando tengamos el derecho a presumir que ganamos por encima del promedio. Resulta que el estatus es un gran motivador.

Entonces ¿si el dinero en sí mismo no garantiza la felicidad, qué la garantiza? Según Glenn Firebaugh y Laura Tach, de la Universidad de Harvard, los siguientes elementos son los mejores vaticinadores de felicidad: la salud física, los ingresos, la educación y el estado marital, en ese orden. Los ingresos son sólo el mejor vaticinador de felicidad. La salud es primero para la mayoría de personas.

Un sencillo examen de dinero

Haz este sencillo examen, y mira cómo se aplica a ti. Llena las siguientes dos afirmaciones con un número específico.

1. Mis ingresos anuales en este momento son de:

2. A fin de lograr mi punto polar, mis ingresos anuales deberían ser de:

¿Qué múltiplo de tu salario actual se necesitaría para que tengas seguridad financiera? Les hemos hecho este examen a todos los estudiantes que hemos entrenado. La mayoría indicó que para sentirse libres de preocupaciones de dinero, sus ingresos anuales deberían ser aproximadamente el doble de lo que estaban ganando en el momento de preguntarles. Los estudiantes que ganaban $20.000 al año, creían que necesitarían aproximadamente $40.000 al año a fin de estar financieramente contentos; los estudiantes que ganaban $100.000 decían que necesitarían ganar aproximadamente $200.000.

Algo curioso sucede cuando los estudiantes ven que realmente sus ingresos se han duplicado. En general, la seguridad financiera y la felicidad que anticiparon no se materializan. En lugar de eso, "doblan" o redoblan sus esfuerzos. En otras palabras, cuando quienes estaban ganando $20.000 alcanzaron lo que esperaban, su meta de $40.000, elevaron el límite y pensaron que ahora iban a necesitar $80.000 para ser felices. Conocemos estudiantes que han recalibrado su número de "felicidad" hasta 4 veces. Han multiplicado sus ingresos originales en un factor de más de 100 y aún siguen trabajando en ese mismo objetivo que continúa en movimiento.

VIVIENDO EN LA ZONA DE PROSPERIDAD

¿Cómo sabes que estás viviendo en la zona de prosperidad? A continuación hay unas buenas pistas. Hay alineación entre cómo te ganas la vida y tu esencia. Tienes "metas elásticas", pero basadas en la confianza que viene de concentrarte en lo que tienes en lugar de lo que careces. Hay un progreso estable en el crecimiento de tus ingresos para poder financiar tu estilo de vida y que aún así haya disponible para ahorrar, invertir o dar. Eres feliz porque tu felicidad corresponde con tus valores, talentos y pasiones. Tienes sistemas de apoyo establecidos. Celebras las victorias grandes y pequeñas a medida que fijas tu mirada en tu punto polar.

Esperamos que hayas disfrutado de este vistazo de lo que es posible. Puedes ser un visitante o quedarte como residente permanente, pero esperamos que desempaques tus maletas y te quedes. Tú perteneces a este sitio.

Devolver

Una manera para saber que verdaderamente estás en la zona de prosperidad es que no sólo se vuelve posible sino también esencial dar porciones importantes de la misma. Llámalo como quieras: devolver, filantropía, dar a la caridad, diezmar o establecer una fundación. No importa cómo lo llames, parece ser un elemento común entre quienes más celebran vivir en la zona de prosperidad. Sin duda es una paradoja que un principio esencial de la prosperidad sostenible es dar mucho de la misma.

La historia de Randy: *"Durante los años antes de ir a la universidad, el dinero era muy escaso. Mis padres eran maestros de escuela y valoraban mucho la educación, pero fueron claros al decirme que si quería ir a la universidad tendría que encontrar alguna manera para pagarla yo mismo. Eso fue muy difícil, así que por un par de años después de la secundaria, hice algo de trabajo voluntario en las Filipinas. Fue una experiencia asombrosa y aprendí mucho respecto a cómo la gente vivía con mucho menos de lo que yo había tenido en mi niñez.*

Cuando volví a los Estados Unidos y comencé a presentarme en las universidades, aún no sabía cómo iba a pagar mis estudios. Supuse que aplicaría para una beca y si fallaba con eso tomaría un préstamo de estudiante y buscaría un trabajo de medio tiempo. Para entonces, mi abuela, que había fallecido 5 años antes, hizo sentir su presencia. Resulta que ella había ahorrado $3.000 dólares para cada uno de sus nietos para ayudarlos a ir a la universidad. Sin saberlo, el dinero había estado esperando en una cuenta para el día que yo fuera a la universidad. Ni siquiera sé cómo expresar lo abrumado que me sentí cuando supe que toda la generosidad de mi abuela había marcado una diferencia tan grande en mi vida. Mi madre me dijo lo que su madre había dicho: 'No necesito este dinero. Quiero estar segura de poder bendecir las vidas de mi descendencia y de quienes quieran sobresalir y hacer grandes cosas'. Miro su ejemplo y me inspira a ser generoso. No puedo devolverle a mi abuela, pero puedo darles a otros. La mejor manera de devolver el pasado es poner al futuro en deuda con nosotros.

VIVE EN TU ZONA
DE PROSPERIDAD

Pasos de prosperidad

Tu zona de prosperidad es el lugar en donde lo que te encanta hacer más que cualquier cosa en todo el mundo, también te hace ganar dinero. Realmente estás en la zona de prosperidad cuando estás viviendo tu mejor vida, cuando eres feliz, tú y otras personas, con lo que haces para ganar dinero, cuando el trabajo no parece trabajo para nada, y cuando disfrutas cada paso que das. Ocupas la zona de prosperidad cuando logras encontrar equilibrio entre la felicidad que deseas y el dinero que ganas.

Completa este paso de prosperidad en internet entrando a www.prosperbook.com/PS2.

¿En la actualidad estás viviendo en la zona de prosperidad? ¿Te es posible responder "Sí" a las siguientes preguntas?

1. ¿Hay alineación entre cómo te ganas la vida y tu esencia?

2. ¿Tus "metas elásticas", están basadas en la confianza que viene de concentrarte en lo que tienes en lugar de desesperarte por aquello de lo que careces?

3. ¿Estás haciendo un progreso estable en el crecimiento de tus ingresos para financiar tu estilo de vida y que aún así tengas disponible para ahorrar, invertir o dar?

4. ¿Eres feliz porque tu felicidad concuerda con tus valores, talentos y pasiones?

5. ¿Tienes establecidos sistemas o redes de apoyo?

6. ¿Celebras las victorias, grandes y pequeñas mientras fijas tu mirada en tu punto polar?

7. ¿Estás dando parte de tu prosperidad para generar valor y mejorar la vida de otros?

DINERO + FELICIDAD + SOSTENIBILIDAD = PROSPERIDAD

La prosperidad es un proceso y para algunas personas es difícil reconocer cuándo comienzan a vivir en la zona de prosperidad. A veces nuestra vida entra y sale de la prosperidad debido a la falta de sostenibilidad. Ayúdate a seguir en la zona cómoda al saber qué es lo que se necesita para ser verdaderamente próspero. ¿A cuántas de las siguientes preguntas responderías "Sí"?

Dinero

1. ¿Tu perspectiva financiera es positiva?

2. ¿Tienes excedentes después de pagar todas tus obligaciones financieras?

3. ¿Disfrutas lo que haces para obtener ingresos?

4. ¿Sientes que tus ingresos están en línea con tu pasión?

5. ¿Vas por buen camino para ganar más dinero este año en comparación con el año anterior?

6. ¿Sientes que estás progresando? (¿O sólo sobreviviendo?)

Felicidad

1. ¿Generalmente estás feliz con tu lugar actual en la vida y hacia donde te diriges?

2. ¿Sabes hacia dónde vas?

3. ¿Sientes que estás avanzando? (¿Retrocediendo, o estás estancado?).

4. ¿Estás feliz con las diferentes facetas de tu vida? (¿Personal, familiar, profesional, física y financiera?).

5. ¿Tienes una imagen personal positiva y vives con tu propia "onda personal"?

6. ¿Sabes alegrarte por el éxito de los demás?

Sostenibilidad

1. ¿Sientes que estás creciendo personal, profesional y financieramente?

2. ¿Deseas compartir y dar parte de tu prosperidad?

3. ¿Quieres celebrar la vida y todas tus victorias con gozo e intencionalmente?

4. ¿Tienes un plan a largo plazo para hacer crecer tu felicidad y riquezas actuales?

5. ¿Has diversificado tus fuentes de ingresos?

6. ¿Evalúas tu punto polar con frecuencia y corriges el curso según como sea necesario?

CAPÍTULO 3

UTILIZA TU ESENCIA PARA OBTENER GANANCIAS

"Tu llamado se encuentra donde tus talentos y las necesidades del mundo se encuentran".

—ARISTÓTELES

Tu esencia se compone de tres elementos: tus valores, tu sentido de propósito y tu conjunto único de habilidades, talentos y pasiones. La tercera práctica de prosperidad alinea tus oportunidades de ganancia con estos elementos de quién eres y sugiere maneras para obtener valor sostenible de tu esencia.

De hecho la pasión y las ganancias se mezclan. Es posible lograr un flujo de ingresos de aquello que más te motiva. El viejo dicho es acertado: si amas lo que haces nunca tendrás que volver a trabajar en la vida. El secreto para la prosperidad ya está dentro de ti. Creemos que ya tienes un conjunto único de talentos y atributos que te permiten enfrentar a tu manera los problemas que son importantes para los demás. Esa es tu esencia. Y esta es la parte bonita. Las personas a quienes les resuelves los problemas van a querer pagarte. Eso es lo que ganas. Cuando ganas a partir de tu esencia, vas rumbo hacia la prosperidad sostenible.

Tu esencia es la suma de todas las cosas que le dan más significado a tu vida. Tus valores esenciales se expresan en todas partes. ¿Qué es lo primero que piensas cuando te levantas?

¿Qué es lo último en lo que piensas cuando te duermes? Con frecuencia esas son pistas de lo que es más importante. ¿Cuáles son tus pasatiempos e intereses? ¿En qué parte del mundo tienes más energía? ¿Dónde estás más relajado? ¿En qué áreas la gente te busca para pedirte consejo y ayuda?

La sociedad en la que vivimos no nos ayuda a reconocer nuestros valores o dones esenciales. La introspección suele confundirse con egocentrismo. Es más fácil decir "así es como soy" que hacer el trabajo difícil de desempacar las particularidades de lo que está escondido en esa afirmación. A veces en realidad es más fácil reconocer los valores esenciales en grupos grandes de personas que en individuos. Piensa en las naciones. ¿Cuál es el valor esencial de los Estados Unidos? Probablemente hayas dicho que la libertad o la democracia. ¿Qué tal Suiza? Muchos dirían que precisión. ¿Italia? Las respuestas más comunes son la comida o el arte. Ahora, ¿qué es lo primero que la gente dice acerca de ti?

Nosotros entrenamos a nuestros estudiantes para que sean tan conscientes y estén alineados con sus valores esenciales que quienes los rodeen identifiquen de inmediato los valores que ellos defienden. La otra palabra para esta claridad inmediata acerca de algo es la marca.

HISTORIAS DE GANANCIAS A PARTIR DE LO ESENCIAL

Usar tu esencia práctica para obtener ganancias es algo único para cada persona porque siempre fluye de las circunstancias específicas individuales. Para ilustrar este punto, les pedimos a dos personas que vinieron a Prosper para recibir un entrenamiento y educación personalizados, que describieran sus circunstancias y el proceso que las había llevado a tener ganancias a partir de su esencia. Las historias de estos dos estudiantes, relatadas por ellos mismos, resaltan el poder organizador de la práctica de obtener ganancias de tu esencia.

Dan Gazaway, de la "Academia de lanzadores":

"Siempre quise tener éxito, quizás como empresario, pero también sabía en mi corazón que quería disfrutar del trabajo, cualquiera fuera mi elección profesional. Encontrar el balance entre el trabajo y la felicidad me tomó algo de tiempo. Aunque me gradué de la universidad y obtuve un título en Pedagogía en Salud, de inmediato supe que no era la dirección que quería seguir. Mi primer trabajo fue vendiendo equipos de levantamiento de pesas para distritos escolares. En 8 años tuve cerca de 5 trabajos en ventas. Me gustaba vender y me comunicaba bien con mis clientes. Eso me dio la seguridad de que tenía lo necesario para ser un empresario exitoso.

Pero ¿qué clase de empresa debía iniciar? Estuve estancado hasta que conocí a un colega vendedor que tenía un negocio paralelo exitoso. Lo ahogué con preguntas. Finalmente me miró y me hizo una sencilla pregunta: "¿Dan, realmente en qué eres bueno?"

Sin vacilar le respondí: "La única cosa en la que realmente soy bueno es en el béisbol".

Él sonrió y me dijo: "Bueno, eso es genial. ¿A dónde fuiste para obtener tu entrenamiento y conocimiento acerca del béisbol?"

Le dije que cuando era joven había asistido a varios seminarios de lanzadores y clínicas que invitaban a lanzadores de las Ligas Mayores como Nolan Ryan y Randy Johnson, para que compartieran sus habilidades y perspectivas. Él me animó a considerar un negocio basado en mi pasión por el lanzamiento. Después, reconocí que ésa era la práctica de prosperidad de "usar mi esencia para obtener ganancias". Basado en esa conversación, comencé el proceso que me llevó a abrir mi propia academia de lanzadores.

La respuesta siempre me había estado mirando a los ojos. Sólo fue necesario que alguien me dijera que confiara en mí mismo y que lo intentara. ¿No es así como comienza toda empresa exitosa?

Tan pronto como volví a casa de ese viaje de negocios, tomé 3 bolas de béisbol y fui al campo de béisbol del área. Vi que un padre estaba jugando con su hijo a atrapar la bola. Comencé una conversación y ha-

blamos por unos minutos antes de decirle: "¿Sabe? Yo soy instructor de lanzamiento. Esto es lo que hago. ¿Estaría bien si tomo unos minutos con su hijo para ayudarlo?". Los dos se emocionaron y trabajé con el chico en su lanzamiento. Después de 10 minutos él estaba lanzando con más precisión y velocidad, y junto con su padre estaban muy emocionados. Me sentí muy bien al hacer lo que me encantaba y poder ayudar a alguien más.

Ese día no esperaba ganar nada, pero antes de volver a casa, el padre puso $50 dólares en mi mano. Fueron los $50 dólares más fáciles y divertidos que jamás me haya ganado. No lo sentí como un trabajo para nada porque no era trabajo. A partir de ahí mi empresa sencillamente floreció y rápidamente estaba dando lecciones de lanzamiento todos los días. Después de mucho éxito dando lecciones de lanzamiento individuales, quise extender el negocio para generar ingresos pasivos usando el internet. El resultado fue un portal en línea que reúne varios libros, videos de entrenamiento y material de educación acerca de lanzadores y lanzamiento.

Ahora tengo un ingreso consistente diario que no depende de que yo dé lecciones individuales. Cada mañana me siento muy bien cuando me levanto y reviso mi correo electrónico y veo que para ese día ya he tenido ganancias.

¿Mi punto polar? Es algo como esto: mi pasión es el béisbol. Puedo mirar a un lanzador y después de ver 1 ó 2 lanzamientos de inmediato sé en qué necesita trabajar. Los demás van a ver esa pasión y se sentirán atraídos hacia ella. Mi meta es combinar mi pasión por el béisbol con mis talentos por la comunicación, el entrenamiento y la ayuda hacia los demás. No estaría sirviendo si no usara esa pasión y talentos como se supone que debo hacerlo".

Jennifer, "Mamás en buena forma"

Hace unos años Jennifer vino a nosotros. Había trabajado en el mundo de los negocios y luego como entrenadora e instructora en un gimnasio, pero sus prioridades cambiaron cuando inició su familia. Ella deseaba hacer un aporte financiero al hogar pero quería tener un control total sobre sus horas. Así que concluyó que una empresa basada en internet era lo que podía hacer desde casa en los momentos que ella eligiera. Entonces nos buscó para que la entrenáramos porque, aunque tenía una idea general de sus metas económicas, sentía que necesitaba ayuda para identificar sus fortalezas, qué clase de negocio buscar y cómo adquirir las habilidades para tener éxito. En otras palabras, ella necesitaba encontrar su esencia y la forma de utilizarla para obtener ganancias con ella.

Las primeras sesiones de entrenamiento se centraron en ayudar a Jennifer a identificar cuál de sus pasiones era la que más deseaba seguir. Bajo la dirección de Andrew, el entrenador de Jennifer, ella habló de lo que realmente la emocionaba en la vida. Su esencia surgió rápidamente: Jennifer era apasionada por el buen estado físico, escribir y la paternidad. Con el entrenamiento de Andrew, Jennifer formuló un plan rápidamente. Iba a crear y vender una serie de videos de entrenamiento físico dirigidos a madres primerizas para ayudarles a volver a estar en forma después de haber dado a luz.

El siguiente reto era determinar un modelo de negocio viable que le permitiera ganar dinero al convertir estas pasiones en un negocio.

La historia de Jennifer: *"Soy la propietaria de una empresa llamada "Mamás en forma". Mi meta final es llegar a ser una gurú del estado físico de las mujeres, el embarazo y las madres primerizas. Mi producto principal es un coche de entrenamiento en el que les enseño a las madres cómo volver a recuperar sus cuerpos combinando ejercicios mientras salen a pasear a sus bebés en el coche.*

Ahora estoy trabajando en mi sueño. Poco después de producir mi DVD, comencé a hacer segmentos mensuales de entrenamiento en el noticiario local. Obtuve un patrocinio de una línea grande de ropa para ejercicio. Luego logré un segmento en un programa de televisión de red de compras para el hogar. Creo que el universo realmente está respaldando mi pasión por ayudar a las mujeres. Me asombra que los demás también me quieran ayudar. Todas estas personas asombrosas y creativas se están uniendo para ayudarme a hacer que mi empresa tenga éxito. Ahora siento que puedo alcanzar mi meta definitiva, que es ayudar a mujeres de todo el mundo a alcanzar su máximo potencial en cuerpo, mente y espíritu".

TU ONDA PERSONAL

Algunos lo llaman marca. Nosotros decimos que es elaborar tu onda personal: aquello que te hace diferente, único. Formular tu onda personal es crítico porque sirve como la base para todo lo que conecta a los demás de forma racional, emocional y comercialmente contigo. Una onda personal efectiva, alineada con tus valores esenciales, y que los refleje, se basa en 3 elementos: autenticidad, consistencia y claridad.

La mayoría de nuestros estudiantes entiende la importancia vital de diferenciarse a sí mismos, pero el mayor error que comenten es tomar cualquier cosa que les parezca más popular o conveniente. Así que se meten en la onda que tuvo más "tweets" en Tweeter ese mes. O intentan identidades que personas bien intencionadas cercanas a ellos les sugieren que intenten. Pero, a menos que su onda personal provenga de su esencia, si no invierten tiempo alineando la identidad que le presentan al mundo, sus esfuerzos van a fracasar. Recuerda, la clave para la prosperidad es recibir compensación basado en tu esencia.

La buena noticia es que tienes el poder para darle forma a tu onda personal exactamente de la manera que quieres que sea. Ni siquiera es tan difícil. Todo lo que se necesita es tener claridad en tus intenciones, actuar consistentemente en el servicio de tus talentos esenciales y expresarte. Cuando lo hagas, te garantizamos que los demás lo notarán, se lo dirán a otros y tu onda personal mejorará precisamente porque tú estás mejorando.

BUSCA PROBLEMAS

La mejor manera de comenzar un negocio lucrativo o hacer crecer una empresa es encontrando un problema y creando la solución para el mismo. Una solución es replantear un reto percibido y volverlo una fortaleza. Ese tipo de replanteamientos es poderoso en el lugar de trabajo porque por lo general todo el mundo está concentrado únicamente en el problema. Pero si te concentras en la solución y la implementas, de repente serás visto como un héroe. El truco es identificar un conjunto de soluciones que proponer a partir de tu esencia. A continuación hay unas tácticas para ayudarte a hacerlo:

Encuentra y alinea

Identifica esas empresas o proveedores de servicios a los que les pagan por hacer lo que tú haces de manera natural. Encuentra personas, ocupaciones, asociaciones y grupos que tengan parte haciendo lo que tu esencia te dice que hagas. Únete, haz trabajo voluntario o asóciate con ellos. Si lo haces, tu entusiasmo se notará y tu reputación comenzará.

Cuando Joe nos buscó para que lo entrenáramos, tenía experiencia en bienes inmobiliarios y construcción. En especial le apasionaban las posibilidades decorativas del concreto. Con la ayuda de su entrenador, rápidamente se concentró en cómo tener ganancias a partir de su esencia: Joe creó una empresa para diseñar, fabricar y vender productos de concreto decorativos para propietarios de casas, contratistas comerciales pequeños y medianos y administradores de propiedad. Después diferenció su empresa al especializarse en proyectos que por lo general eran muy pequeños para contratistas comerciales. Su experiencia identificó una porción de negocios en la que le era factible servir sin tener mucha competencia. Nos alegramos cuando Joe nos dijo que 6 meses después de haber iniciado su empresa, estaba ganando $20.000 dólares al mes.

A continuación hay un ejemplo de alguien que aprendió a tener ganancias con su esencia en la organización en la que trabajaba: se trata de un empleado de nuestra empresa. En los comienzos de nuestro negocio estábamos creciendo a un ritmo realmente descontrolado. En realidad no teníamos la infraestructura organizacional para mantenernos al día con las exigencias de un negocio creciente. Nuestra esencia era ayudar a los demás, no administrar, así que ese crecimiento probablemente no fue una sorpresa para nadie. Pero entonces recibimos ayuda desde el rincón más inesperado de nuestra empresa por parte de uno de nuestros representantes de servicio al cliente, que recientemente había sido contratado, Jade Koyle, de 23 años, quien había sido un niño de granja educado en casa y que hasta entonces se había caracterizado más que todo por su manera extraña de trabajar con máquinas de granja. Resultó que él tenía una asombrosa manera de hacer que los problemas complicados también se vieran sencillos.

Jade vio que estábamos teniendo dificultades y se nos acercó con algunas sugerencias. Al principio fuimos escépticos y nos resistimos, pero la claridad y propiedad de Jade ante el problema ganaron nuestra confianza. Luego implementó la solución que había propuesto ¡y funcionó! Desarrolló una de las plataformas de tecnología más avanzadas que una empresa podía esperar y Jade se convirtió en uno de nuestros socios estratégicos más confiables. Hoy es nuestro jefe de mercadeo, teniendo bajo su responsabilidad millones de dólares en activos.

Brilla la piedra

Es genial cuando sabes cuál es tu esencia: es como una piedra, te servirá bien, pero sólo si la pules y dejas que los demás la vean brillar. Tu meta es pulir esa piedra, aprender habilidades, mejorar tus destrezas y por medio de la práctica desarrollar tu potencial innato hasta niveles de logro sin precedentes.

En otras palabras, necesitas convertirte en un experto en lo que sea que hayas elegido hacer. Aquí es donde es sabio aplicar la norma de las 10.000 horas. Hecha famosa en el libro de Malcolm Gladwell, *Outliers*, publicado en el año 2008, la regla de las 10.000 horas se derivó de un estudio realizado por Anders Ericsson, un psicólogo que investigó el éxito de los violinistas de la Academia de Música de Berlín. En su estudio, encontró que en todos los casos, los violinistas con el mejor desempeño dedicaban más tiempo a practicar. Gladwell describe más a fondo de qué manera el número mágico de 10.000 horas era el promedio de horas que los violinistas, así como los atletas, compositores, escritores, artistas e incluso criminales, dedicaban para alcanzar su éxito. A continuación hay dos pasos para comenzar a beneficiarse de la regla de las 10.000 horas.

Haz las cuentas: 10.000 horas son aproximadamente 3 horas al día durante 10 años. Sí, 10 años parecen un largo tiempo, pero por eso el primer paso es tan importante. Si dedicas esta clase de tiempo a tu pasión, no la sentirás como trabajo, ni sentirás los 10 años. Uno de nuestros estudiantes se sentía escéptico al respecto de tal regla. Se encontraba en su mediana edad, hacía poco había sido despedido de su empleo y estaba pensando en iniciar una empresa. "10 años es demasiado tiempo", se quejó. "Si invierto todo ese esfuerzo en desarrollar esa destreza, voy a tener 65 años". Nuestra respuesta fue directa: "¿Y qué edad vas a tener si no lo haces?" Él hizo el trabajo, desarrolló unas capacidades de clase mundial y prosperó.

Primero sé el mejor: en una ocasión le preguntaron al ejecutivo de televisión Grant Tinker cómo había planeado hacer de NBC la emisora número uno. Su respuesta fue: "Primero vamos a ser los mejores, y luego seremos los primeros". Y eso es lo que sucedió. Durante los años en los que él fue presidente, el enfoque de Tinker en tener programación de calidad condujo a un crecimiento en audiencia y en utilidades.

Pide compensación por tu talento

Cuando sepas por qué le están pagando a los demás, aprende de ellos, sé su aprendiz, permite que te entrenen, aprende sus habilidades esenciales para obtener beneficios económicos de sus habilidades y luego pide tu parte. Entiende cómo crear valor y desarrollar un negocio alrededor del mismo, luego capta algo de ese valor. Muchas personas con las que trabajamos ya están creando valor al hacer lo que les gusta, pero no piden ninguna compensación. Te sorprenderá ver cuántas personas están dispuestas a pagarte.

Tener ganancias a partir de tu esencia es intrínsecamente satisfactorio. Puede tomar muchas formas. Para algunas personas, se trata de poder tener como prioridad la felicidad al tener la habilidad de ganarse la vida haciendo lo que les gusta, ya sea música, creando una página de internet o practicando canotaje. Para otros, se trata de equilibrar el trabajo con los compromisos familiares. Pero para la mayoría de personas, obtener ganancias a partir de su esencia tiene que ver con ganar suficiente dinero. Así que eso genera una pregunta importante: ¿cómo mides cuánto es suficiente?

¿CUÁL ES TU UNIDAD DE MEDIDA?

Lograr ganancias a partir de tu esencia requiere que elijas una unidad de medida para que sepas si vas por buen camino. ¿Qué unidad vas a usar para medir tu prosperidad? Definitivamente, ganar dinero, es una medida. Tener influencia o prestigio, es otra. Pero hay otras unidades de medida disponibles. Recientemente, el Profesor de la Escuela de Negocios de Harvard, Clayton Christensen, recalibró la medida que ahora aplica a su propia vida y sentido de prosperidad.

Después de haber sido diagnosticado con cáncer y haber enfrentado la posibilidad de que su vida iba a terminar más pronto de lo planeado, Christensen dijo: "Tengo una concepción muy clara de cómo mis ideas han generado grandes utilidades para empresas que han usado mis investigaciones; sé que he tenido un impacto importante. Pero al enfrentar esta enfermedad me ha resultado interesante ver el impacto tan mínimo que tiene en mí ahora. He concluido que la medida con la cual Dios va a evaluar mi vida no es en dólares, sino en vidas de personas que haya tocado".

Esperamos que no tengas una crisis de salud similar, pero creemos que todos nos beneficiamos con ver detalladamente las unidades de medida que usamos. Puede ser que, al final, muchos de nosotros cuestionemos algunas de las medidas que usamos y que nos preocupemos menos, por ejemplo, por el nivel de prominencia que hayamos logrado. Hemos observado que la humildad es una característica común entre las personas que han logrado los mayores niveles de prosperidad sostenible. La humildad no es menospreciarte, es pensar menos en ti. Piensa en la unidad de medida con la que se medirá tu vida, y decide vivirla cada día de tal forma que al final sea vista como un éxito.

UTILIZA TU ESENCIA PARA OBTENER GANANCIAS

Pasos de prosperidad

Tu esencia alinea tus oportunidades de ganancia con los atributos de quién eres, además sugiere maneras para obtener el valor sostenible de tu esencia. De hecho la pasión y las ganancias se mezclan. Es posible lograr un flujo de ingresos de aquello que más te motiva.

Completa en internet este paso de prosperidad, entrando a www.prosperbook.com/PS3.

Toma algunos minutos para escribir las respuestas a estas preguntas:

1. ¿Cuál es tu definición de tu esencia? En 30 palabras o menos.

2. Nombra 5 empresas o negocios que estén en línea con tu pasión y tu esencia. ¿Cuáles son sus modelos de negocio? ¿Cuáles ofrecen el mayor valor o recompensa?

3. ¿Cómo puedes ser el mejor haciendo eso? ¿Qué te hará diferente, mejor y especial? ¿Cuál va a ser tu onda personal?

4. ¿Cómo vas a ser compensado? ¿Cuál es tu vara para medir el éxito?

CAPÍTULO 4

COMIENZA CON
LO QUE YA TIENES

"Si sabes apreciarte a ti mismo, tienes lo mejor de la vida".

—DALE CARNEGIE

Li'l Abner fue una tira cómica muy conocida de los años 1950. Una escena de la película basada en esta tira cómica ilustra por qué pensamos que comenzar con lo que ya tienes debería ser el primer principio de prosperidad. Li'l Abner está pescando perezosamente con un grupo de amigos cuando alguien le pregunta: "Dime Abner, ¿si pudieras ser alguien más en todo el mundo quién preferirías ser?"

Abner: "Yo".

Amigo: "¿Sólo tú?"

Abner: "Sólo yo".

Amigo: "¿Qué tiene de especial ser tú?".

Abner: "No tiene nada de especial, simplemente es más práctico".

En otras palabras, tú también puedes ser tú mismo porque todos los demás ya están tomados.

Li'l Abner no tenía muchas cosas a su nombre y habríamos entendido si hubiera nombrado a una estrella de cine o un atleta famoso. Pero intrínsecamente apreciaba la primera práctica de prosperidad.

EL PODER DE CONCENTRARTE EN LO QUE YA TIENES

Algo asombroso sucede en la confianza, en la creatividad y en el punto de vista cuando las personas comprenden que no necesitan esperar que las circunstancias externas cambien para conseguir triunfar. Entender que lo que le das al mercado, a tu empresa y en general al mundo, es sólo algo que tú sabes dar. Tu única huella de prosperidad aporta a la posibilidad de solucionar problemas y crear valor de una manera que sólo tú puedes. Comienza con eso, desarróllalo y te sorprenderá el poder de lo que ya sabes hacer.

Como dicen los guionistas, Sandy era exitosa. Había vendido varios guiones. Una película independiente que había escrito hacía unos años atrás estaba teniendo resultados medianamente buenos en las taquillas. Pero cuando nos buscó, Sandy estaba desesperada. Llevaba más de un año tratando de escribir algo y no encontraba nada. "Estoy vacía", nos dijo. "No tengo nada con qué trabajar". Vimos que era el típico caso de bloqueo de escritor. Ella accedió a probar con un entrenamiento para encontrar una salida de este tiempo de frustración, cualquiera que ésta fuera.

Para la primera sesión, el entrenador le pidió a Sandy que cerrara los ojos y se concentrara en las cosas por las cuales se sentía agradecida. Nada sucedió. El silencio era ensordecedor. En general, los entrenadores tratan de no presionar a los estudiantes, pero Sandy estaba tan perdida que fue necesario ayudarla. El entrenador hizo las cosas con suavidad.

Entrenador: "¿Qué tal la playa?".

Sandy: "¿La playa? Sí, me gusta caminar por la playa".

Entrenador: "Tienes una buena computadora".

Sandy: "Eso es cierto. Tengo una muy buena".

Entrenador: "¿Qué tal tu gato?".

Sandy: "Bien, estoy agradecida por mi gato".

Entrenador: "¿Y la luna?".

Sandy: "Me encanta cuando la luna está llena".

Y de esa manera se disolvió el bloqueo. Durante las siguientes sesiones, Sandy hizo una lista de todas las cosas que estaban saliendo bien en su vida: su familia, sus amigos, logros profesionales y respeto de sus colegas. Pocos días después de eso, la escritora se despertó de un profundo sueño con una idea para una escena.

A veces, cuando cambiamos nuestro énfasis de lo que no tenemos (ideas, empleo, relaciones, etc.) hacia lo que tenemos (abundancia de naturaleza, mascotas leales, lunas llenas, etc.) algo cambia en nuestro interior. Cuando menos lo esperamos, cuando estamos más tranquilos, logramos escuchar nuestro inconsciente creativo. ¿Alguna vez has visto que las grandes soluciones a los problemas con los que has estado luchando tienden a llegar mientras estás tomando una ducha o dando un paseo en bicicleta o cuando estás más relajado? Nadie, ni siquiera Sandy, puede saber a ciencia cierta cómo es que eso sucede. Pero Sandy nos dijo que se levantó de la cama, encendió su computador portátil y antes que el sol saliera por el horizonte, tenía el esquema de medio guión. Unas 6 semanas después, terminó el guión. A la vuelta de un mes, 4 estudios de películas estaban ofertando para comprarlo.

MEJORES RESULTADOS

Hemos visto a miles de estudiantes pasar por nuestro programa en su camino hacia la prosperidad. Hemos notado que hay algo en común entre todos aquellos que han logrado los mejores resultados: ellos comienzan concentrándose en aquellos activos de los que ya disfrutan, en lugar de hacerlo en los que no tienen. No es que los estudiantes más exitosos hubieran comenzado teniendo lo mejor. Como lo dijimos en la introducción, para ellos no era tan importante si sus platos estaban llenos al comienzo, lo realmente valioso era que, así tuvieran poco, no estaban vacíos. Así hubieran comenzado con mucho o con poco, quienes hacían énfasis en lo que tenían al comienzo tendían a terminar con lo mejor.

Este resultado resultó ser muy curioso para nosotros, así que le dimos una mirada más de cerca.

En el mundo hay dos clases de personas: las que dedican todo su tiempo a pensar en sus limitaciones y carencias y las que son dolorosamente conscientes de sus debilidades pero eligen concentrarse en lo que sí tienen. El segundo grupo de personas tiene un viaje más suave en su recorrido hacia la prosperidad.

No es difícil ver por qué. El primer grupo dedica mucha de su energía a pensar en cómo superar sus debilidades. El segundo grupo invierte su energía a mejorar sus dones y activos actuales, así sean humildes. ¿Con qué tipo de personas preferirías trabajar? ¿De quiénes dependerías?

El problema es que concentrarse en los pensamientos negativos en realidad conecta nuestra mente de una manera que sabotea nuestros esfuerzos más sinceros. No es sorprendente que muchos de nosotros tengamos el problema de fijarnos en lo que no tenemos. Vivimos en una cultura consumista que nos bombardea con miles de mensajes comerciales para persuadirnos de que no somos lo suficientemente atractivos, inteligentes o exitosos. No es de sorprenderse que inconscientemente nos concentremos más en lo que no tenemos, en lo que nos atemoriza o en lo que estamos tratando de evitar, en lugar de concentrarnos en lo que realmente tenemos.

Esta actitud la vemos en nuestros entrenamientos todos los días. El inicio de un compromiso de entrenamiento es muy directo. Nuestros entrenadores siempre les hacen a los estudiantes una variación de esta pregunta: ¿Qué deseas? Al comienzo, a muchos se les dificulta decirnos qué es lo que desean. Por ejemplo, escuchamos muchas metas como estas:

No quiero preocuparme más por el pago de una hipoteca.

Toda mi vida he estado tratando de ser contador como mi padre y ahora sólo quiero ser yo y necesito ayuda.

No quiero levantarme con un sentimiento malo en la boca del estómago cuando pienso en trabajar con mi jefe.

Necesito que alguien me ayude a dejar de patinar para lograr ser rico.

Sería muy bueno si mis jefes me respetaran, así podría lograr un buen ascenso.

¿Entiendes hacia dónde nos dirigimos con esto? Para muchos estudiantes es mucho más fácil decirnos qué es lo que no quieren.

A medida que seguimos su progreso, vimos que una mayoría de ellos, o no lograban finalizar el programa, o tenían resultados poco sobresalientes. Creemos que una gran parte del problema es que esos estudiantes se concentraban en lo que no querían. Y como recibimos más de aquello en lo que nos concentramos, ¿qué crees que tiende a suceder?

- No quieren hipotecas, pero éstas parecen persistir.

- No quieren sentirse perdedores, pero tienden a seguir perdiendo.

- Quieren dejar de patinar, pero sus ruedas tienden a seguir patinando.

- No quieren que su jefe los irrespete, pero ellos no se respetan a sí mismos.

¿POR DÓNDE COMIENZO?

La meta es ganar dinero a partir de tus fortalezas y habilidades esenciales. Esa es la meta clave. Así que cuando un estudiante de Prosper pregunta por dónde comienza, esto es lo que le decimos:

Primero, mira a tu alrededor y ve cómo otras personas o empresas están generando ingresos a partir de una esencia que sea igual (o similar) a la tuya. Por ejemplo, si tu esencia es una pasión y una aptitud por las matemáticas, haz una lista de 10 formas en que otras personas ganan dinero usando esas habilidades. Hay muchas maneras de hacerlo. Comienza en Google y busca "carreras en matemáticas". O busca la página de internet de la Sociedad Americana de Matemáticas y mira las listas de empleos. Algunas de las perspectivas serán obvias: maestro de matemáticas, físico o contador. Pero te sorprenderá la inesperada cantidad de oportunidades laborales que requieren habilidades en matemáticas, como el intercambio de divisas. Basado en las ideas que obtengas, el siguiente paso es usar un modelo que obviamente esté funcionando para alguien más. Si funciona para esa persona, probablemente funcionará para ti. Desde luego, debes adaptar tu modelo para que se ajuste a tus propias circunstancias o crear una variación al modelo demostrado para diferenciarte en el mercado. Luego puedes comenzar a crear un ingreso real a partir de tu esencia.

Recibimos más de aquello en lo que nos concentramos

¿Qué sucede cuando compras el auto de tus sueños, digamos que es de un intenso color rojo, y empiezas a conducirlo? Si adivinaste que de repente empiezas a ver autos rojos por todas partes, probablemente tengas razón. ¿Qué está sucediendo acá? ¿De repente hay más autos rojos en la autopista sólo porque tú compraste uno?

Claro que no. Sencillamente te estás concentrando más en los autos rojos. Como lo dice Laura Goodrich en *Seeing Red Cars: Driving Yourself, Your Team, and Your Organization to a Positive Future*, obtienes más de aquello en lo que te concentras. Basándose en las últimas investigaciones científicas, Goodrich ha mostrado que tienes las mejores opciones de transformar los deseos en realidad cuando te concentras en los "yo quiero" que mejor se ajustan a tus pasiones e intereses, tanto personales como profesionales, y luego encuentras apoyo, dominas las debilidades, estableces las prioridades y desarrollas planes de acción para lograrlos. Esto es cierto, si lo que deseas es mejor salud, un trabajo más gratificante o una empresa propia.

Si te concentras en los autos rojos, notarás más autos rojos. Si te concentras en ser una persona con prosperidad, notarás oportunidades para proceder según ese deseo. Serás más atento en las conversaciones que tengas en las fiestas. Te inclinarás más a hacer preguntas o a relacionarte más. Prestarás más atención a historias que hablen de prosperidad en la televisión o a artículos de prosperidad mientras aguardas en una sala de espera. ¿Será que prestar más atención a la prosperidad crea la prosperidad que buscas? No en sí mismo. Para obtener alguna ganancia de esa clase de enfoque, se requiere que reconozcas las oportunidades, que tomes una decisión y una acción definitiva.

Este es otro ejemplo. Cuando te concentras en ser una persona energética y saludable en lugar de concentrarte en evitar ser alguien con exceso de peso, comienzas a notar cosas diferentes. Tu atención se dirigirá a ver carteles de centros de ejercicios o actividades de montañismo, o clases de alimentación saludable. Encontrarás recursos internos e ideas que no surgían o no observabas cuando te concentrabas en tu exceso de peso.

En el mismo comienzo de este libro te invitamos a tomar de forma gratuita la evaluación de prosperidad en www.prosperbook.com/profile. Ahora que has avanzado más de la mitad de las prácticas de prosperidad es un buen momento para volver a presentar tu evaluación. Compara estos 2 resultados para identificar cómo ha cambiado tu perfil. Te dará pistas importantes de tu progreso y te permitirá hacer un mejor uso de las lecciones que describimos. Si no tomaste antes la evaluación, te animamos a hacerlo ahora.

Dedica tiempo para saber quién eres. ¿Qué es negociable y qué no? Esto revela tus valores. Gran parte de este compromiso es dejar de tratar de ser otra persona.

La historia de Ethan: *"Cuando estuve haciendo trabajo voluntario en Brasil, observé al líder que supervisaba todos los equipos voluntarios allá. Su estilo de liderazgo era autoritario. "Haz esto", decía, "y luego haz esta otra cosa". Yo sentía que tenía respuestas para todo. Durante mi misión, en un punto fui puesto a cargo de un equipo y traté de liderar según su ejemplo. Mala idea. Rápidamente se hizo obvio que tenía que encontrar otra manera de liderar. Por una razón: yo no tenía todas las respuestas y no tenía sentido pretender que las tenía. Lo que vi en mí mismo fue que en lugar de ser el chico con las respuestas, mi verdadera fortaleza era desarrollar equipos alrededor mío que sí conocieran las respuestas y apoyarlos para que tuvieran las mejores oportunidades de crear influencia y colaboración. Fue ahí cuando sentí que podía hacer que las cosas funcionaran y eso me permitió desarrollar equipos más grandes basados en la colaboración".*

Debes ser tú. Si no das ese paso, los ingresos pueden ir y venir, pero la seguridad financiera seguirá siendo esquiva. La prosperidad sencillamente no es sostenible a menos que los negocios o la carrera que desarrolles estén basados en un fundamento solidificado por las fortalezas, intereses y valores que sólo tú tienes, todo guiado por tu punto polar.

COMIENZA CON LO QUE YA TIENES

Pasos de prosperidad

Toda empresa lleva un inventario de sus activos. Te sugerimos que hagas lo mismo, porque tener un registro de tus activos personales es el primer paso hacia la prosperidad. Haz un inventario de los activos que ya tienes. Comienza con tus fortalezas y competencias únicas ¿Cuáles son algunos de tus talentos naturales? ¿Qué te fluye tan fácilmente que usualmente no lo notas? A veces tenemos talentos que no apreciamos como talentos que desarrollamos. ¿Qué tal aquellas habilidades adquiridas que has usado de manera exitosa? ¿Tus experiencias laborales? No olvides tus experiencias de vida. Gran parte de las perspectivas que has aprendido con sufrimiento, viene como consecuencia de retos que has superado. Así que has una lista de tus talentos, pasiones y valores más profundos. Esos también son activos.

Completa en línea este paso de prosperidad ingresando a www.prosperbook.com/PS4.

Cómo inventariar tus activos

Hemos notado que hay algo en común entre todos los estudiantes que han logrado los mejores resultados: ellos comienzan concentrándose en aquellos activos que ya disfrutaban, en lugar de hacerlo en los que no tienen. No es que los estudiantes más exitosos hubieran comenzado teniendo lo mejor. Así que en este ejercicio comienza por favor haciendo una lista de las cosas (grandes y pequeñas) por las que estás más agradecido.

Luego haz un inventario de tus activos. En un papel haz 3 columnas y asígnales los siguientes títulos:

Experiencias de vida y habilidades	Habilidades únicas, talentos y pasiones	Contactos personales, redes y negocios y conexiones

Escribe la mayor cantidad de activos en los que puedas pensar. Tómate tu tiempo. Este ejercicio requiere algo de reflexión. Si se te dificulta encontrar atributos, trata de cambiar de punto de vista: imagina que tu mejor amigo (o supervisor favorito) está haciendo la lista en tu lugar. ¿Qué atributos listaría? En la tercera columna, para algunas personas es útil consultar su directorio. Cuando termines, estudia los activos de tu inventario. Probablemente sean más abundantes de lo que pensaste.

CAPÍTULO 5

COMPROMÉTETE CON TU CAMINO HACIA LA PROSPERIDAD

"Sin compromisos, sólo se tienen promesas y esperanzas, mas no planes".

—PETER DRUCKER

Hasta ahora hemos cubierto las siguientes prácticas de prosperidad: Ubica tu punto polar, vive en tu zona de prosperidad, usa tu esencia para obtener ganancias, y comienza con lo que ya tienes. Ahora queremos ayudarte a reunirlas todas por medio de una práctica que llamamos "Comprométete con tu camino hacia la prosperidad".

La experiencia nos ha mostrado que no puedes hacer un compromiso significativo con tu camino hacia la prosperidad a menos que entiendas el nuevo objetivo en tu mente y corazón. Si pones manos a la obra de inmediato definiendo tu plan, entonces puedes comprometerte con confianza, sabiendo que la prosperidad será el resultado exitoso.

Permítenos contarte una historia acerca de cómo aprendimos una lección importante en cuanto a comprometerse con un plan.

Cuando nuestra empresa había alcanzado cerca de 10.000 estudiantes de entrenamiento, decidimos invertir en un sofisticado sistema de gestión de clientes (CRM). No fue económico pero queríamos lo mejor. Nos quedamos con los ojos abiertos al ver la demostración del asesor mostrándonos todas las maravillas que este sistema CRM nos daría. Nos emocionaba pensar en todas las maneras como íbamos a poder servir mejor a nuestros estudiantes al darles un aprendizaje más personalizado.

El asesor del software podría haber dicho que veía estrellas en nuestros ojos. En ese punto detuvo su presentación y nos hizo una pregunta: "¿Cuál creen que es el elemento más importante para el éxito de este nuevo sistema CRM?". En nuestra emoción dijimos apresuradamente todas las bondades que suponíamos que el sistema le permitiría hacer a nuestra empresa: informe del progreso del estudiante, mejor entendimiento de la experiencia del estudiante, seguimiento en tiempo real.

Pero lo que el representante de la aplicación CRM dijo luego, nos tomó por sorpresa y enmarcó de otra manera nuestras expectativas acerca del software y probablemente nos ahorró mucha frustración a todos. "Sí, esos son atributos excelentes del programa", nos dijo. "Pero no son los elementos más importantes para el éxito. El elemento más importante para el éxito es la precisión de la información que ustedes le introduzcan al sistema. El resultado que obtengan del software sólo es tan bueno como lo que le introduzcan".

Lección aprendida.

Queremos asegurarnos de que sepas cómo usar estas 6 prácticas de prosperidad para crear los resultados que harán un cambio positivo en tu vida. Para hacerlo, necesitamos hacer énfasis en la importancia de trabajar con los aportes adecuados. Por ejemplo, considera el plano de prosperidad de uno de nuestros estudiantes. Luego te invitaremos a crear el tuyo. Así estarás mejor capacitado para encontrar los aportes que te garantizarán resultados óptimos en tu camino hacia la prosperidad.

PLANO DE PROSPERIDAD
DE BRAD SIMMONS

Brad Simmons, uno de nuestros estudiantes, tenía la pasión de ser apoyo para mascotas discapacitadas y sus amos. Cuando vino a nosotros buscando ayuda para hacer sus sueños realidad, le pedimos que creara un plan de prosperidad basado en nuestras 6 prácticas de prosperidad. Él nos ha permitido compartir su plano en nuestro libro.

Práctica 1: Mi punto polar. *Al final de este proceso quiero ser una persona que ha invertido tiempo en lo que realmente importa. Quiero que mi esposa Susan y mi hija Missy sientan que siempre son mi prioridad. Quiero ganar dinero ayudando a amos y sus mascotas a disfrutar de una vida más satisfecha. En particular quiero hacer una diferencia positiva en el medio ambiente y en los animales, en especial para los animales discapacitados. En particular, quiero ayudar a los animales discapacitados a mejorar debido a que yo pasé por esta tierra.*

Práctica 2: Vive en tu zona de prosperidad. *El dinero no es mi mayor motivador. Quiero vivir mi punto polar y ganar suficiente con este emprendimiento para pagar, por lo menos, lo que gano fabricando bicicletas. También quiero emplear a mi hija Missy para poder trabajar juntos y que ella tenga cómo ahorrar para la universidad. Recordaré por qué estoy haciendo esto y mantendré mis ganancias de acuerdo con mi punto polar. Si gano más que eso, lo ahorraré para que Susan y yo creemos recuerdos viajando juntos.*

Práctica 3: Usar mi esencia para obtener ganancias. *Tengo una habilidad única para cuidar de los animales y entiendo el dolor de los amos cuando sus mascotas son discapacitadas. Un auto golpeó a mi perra Sally, así que quedó discapacitada y poco después murió. Como fabricante de bicicletas, tengo habilidades para crear una silla de ruedas única para perros. Esta invención permitirá que perros heridos o discapacitados salgan a caminar y disfruten de una vida mejor. Debido a mi diseño único y liviano, será la silla de ruedas ideal para perros. Mi empresa se llamará "Hi-Tail It".*

Práctica 4: Comienza con lo que ya tienes. *A lo largo de mis considerables años de servicio voluntario he generado muchos contactos con la mayoría de los hospitales veterinarios de la zona. También conozco a Adriana Silva, quien trabaja en la revista* Love Your Dog. *Ella dice que puede lograr que la revista publique una historia acerca de mi producto para promover mi empresa. También puedo adquirir con mis proveedores la aleación de metal y suministros de ruedas. Sólo tengo aproximadamente 10 horas a la semana pero voy a comenzar por ahí. A medida que las ventas crezcan, poco a poco haré la transición hasta llegar a dedicarme al negocio de tiempo completo. Ahora que sé qué es lo que necesito hacer para triunfar, haré un acuerdo conmigo mismo y seré fiel a ese acuerdo.*

AHORA ES TU TURNO

Para Brad Simmons pareció fácil generar esas afirmaciones que conforman su plano de prosperidad. Pero pensar eso es un error y Brad te aseguraría que ese no fue su caso. Las afirmaciones que ves aquí, las logró sólo después de haber hecho los ejercicios descritos en este libro. Primero tuvo que localizar su punto polar, determinar su zona de prosperidad y organizar sus necesidades financieras en términos de gastos e ingresos. Y después de haber terminado los ejercicios, se tomó el tiempo para contemplar qué significaba todo eso. Luego se esforzó para poner todo en términos narrativos concretos, evitando cualquier palabra extra. Basándose únicamente en el trabajo, Brad logró avanzar con confianza.

Uno de los preceptos de la zona de prosperidad es que no hay atajos, no hay esquemas para hacerte rico rápidamente y lograr la prosperidad. Así mismo, no hay atajos para comprometerte con tu camino hacia la prosperidad.

Escríbeme, hazme real

Pocos de nuestros estudiantes se resisten a esta práctica, pero la mayoría ve que escribir sus metas es una poderosa expresión de su compromiso para realmente alcanzarlas. Ellos entienden que escribir sus metas sirve para muchos resultados útiles. Aceptan que escribir su plan les permite:

- Visualizar su objetivo.

- Ser específico acerca del objetivo.

- Mantener visibles sus metas como un recordatorio continuo de sus objetivos.

- Concentrarse en los grandes avances.

- Celebrar su progreso cuando revisan los planes.

Los estudiantes nos piden sugerencias respecto a cómo comenzar este proceso y hacerlo más poderoso. Esto es lo que les decimos:

Escríbelo a mano. Creemos firmemente en escribir a mano todos los planes porque al parecer eso hace que la planeación sea más concreta y les inyecta a los planes una cinestesia física. Escribir las metas impulsa un sentido de responsabilidad porque hay algo muy permanente respecto a documentar tus intenciones. Desde luego, algunos estudiantes prefieren crear sus planes en medios digitales, cualquiera funciona. Pero nosotros seguimos creyendo que hay algo muy íntimo y potenciador en escribir tus metas a mano.

Nárralo. También sugerimos que nuestros estudiantes escriban sus metas de forma narrativa, no sólo como una lista de puntos o una hoja de cálculo. No es suficiente con escribir "quiero lograr X". Como intención es bueno, pero no es un plan. Todo el mundo quiere alcanzar esta u otra meta, por ejemplo, casi toda persona quiere comer de manera más saludable y ejercitarse más. Pero el sólo hecho de escribir la intención sin importar cuán sentida sea, no te impulsa a realmente alcanzarla. El truco es escribir tus metas como parte de un documento capacitador y muy personal que te sirva para rendir cuentas. De esta manera, el plan se convierte en parte de una estrategia coordinada para convertir esa intención en resultados reales.

Memorízalo. Así como te comprometes con tu plan, también comprométete a memorizarlo. Al final haz una versión de tu plan que sea un discurso motivacional de 30 palabras y memorízalo. Recitar tu plan todos los días es tremendamente estimulante. La memorización es una barrera de protección contra la frustración que a veces surge cuando se busca alcanzar una meta valiosa. Cuando el progreso se hace difícil, las personas fuertes recitan su plan, se recuerdan su meta y vuelven a decidir hacerla una prioridad.

Mantenlo visible. Escribe en una tarjeta o en una nota tu discurso motivacional o el resumen de tu plan y ponlo en el espejo de tu baño. Haz que sea lo primero que lees al levantarte y lo último que lees al acostarte.

Establece límites. Los tratos que hemos hecho son importantes, pero los más importantes para nosotros son los que no hemos hecho. En ocasiones, decir "no" puede ser más productivo que decir "sí". En tu vida debes establecer límites, porque si no lo haces otras personas lo harán. Los límites son líneas imaginarias que evitan que tus acciones o las de los demás te lastimen, distraigan o se impongan sobre ti contra tu voluntad. Establece los límites de antemano respecto a cómo actuar y qué comportamiento permitir en la gente que te rodea.

Acuerdos de honor. Los acuerdos son la esencia de la prosperidad, son básicamente un intercambio de promesas con la intención de lograr el resultado que todas las partes desean. Los acuerdos claros expresan una visión compartida de cómo lograrlo.

PARA GANAR DEBES ESTAR PRESENTE

Woody Allen dice que "el 80% del éxito está en hacerse presente". Pero ¿qué significa hacerse presente y en qué son útiles nuestros acuerdos para hacernos presentes para alcanzar prosperidad?

En el sentido más literal, "hacerse presente" significa hacer el esfuerzo para participar en una actividad. Significa estar en la reunión, asistir a la conferencia, aceptar la invitación a tener un mentor, ir a un evento de creación de redes o encontrarse con un compañero de trabajo para tomar algo. Significa extendernos a lo que sabemos que nos interesa, así nos sintamos cansados o malhumorados en un momento en particular.

Todo este compromiso con el mundo físico, es esencial. Pero al "hacernos presentes" tenemos algo diferente en mente.

Estamos hablando de estar presentes desde el punto de vista de la autenticidad. Presentarnos para prosperar va mucho más allá de la definición física de hacernos presentes. Significa responder la pregunta: ¿Quién eres cuando llegas? En otras palabras, ¿Como quién estás presentándote? Piensa en tus valores esenciales, tus pasiones, talentos y habilidades. ¿Qué atrae a los demás hacia ti? ¿Qué transmite tu presencia personal? ¿Eres serio o juguetón? ¿Tienes mucha energía? ¿Eres curioso? ¿Eres colaborador? ¿Agresivo? Y ¿cómo se alinea esa presencia con tu visión de prosperidad? Presentarte como tu auténtico yo, con la energía y pasión que le das a tu trabajo, va mucho más allá que sólo "predicar con el ejemplo". Te da la ventaja que te permite sobresalir en medio de la multitud.

Hacerte presente también se trata de estirarte en situaciones que posiblemente estén por fuera de tu zona de comodidad.

Hace poco, uno de nuestros graduados de entrenamiento inició una empresa para entrenar y proveer entrenadores personales a centros de entrenamiento físico. Pocos meses después de abrir sus puertas, una de las más grandes cadenas de gimnasios se le acercó para reclutar, entrenar y dirigir a cientos de entrenadores en el oeste de los Estados Unidos. El estudiante nos confesó que no se "sentía listo" para aceptar un contrato tan complicado pero que de todas maneras iba a dar lo mejor de sí. Estaba dispuesto a presentarse ante el reto y enfrentar cualquier temor que tuviera. Probablemente obtenga el proyecto o de pronto no. Presentarse significa reconocer que probablemente nunca nos sintamos listos para nada, pero que sin que eso importe, iremos tras los grandes proyectos, los grandes clientes, los grandes tratos.

Cuando nos mostramos grandes, grandes cosas tienden a suceder. El universo no se te sirve si te muestras pequeño.

CUMPLE TU PALABRA

Una cosa es mantener tu palabra. Otra es tomar una participación activa en lo que es esa palabra.

Melissa siempre era una roca cuando se trataba de cumplir con sus acuerdos. Lo que fuera que se le pidiera, lo hacía habilidosamente y con atención a cada detalle. Sus compañeros de trabajo sabían que si Melissa accedía a hacer algo, podían considerarlo hecho. Ella trabajaba para la NASA, una gran agencia gubernamental y dedicaba sus días a llevar a cabo con gran profesionalismo todas las tareas que le asignaban. Pero se sentía frustrada con una carrera que parecía limitada e insatisfactoria. Así que buscó un entrenamiento con nosotros.

Después de unas sesiones obtuvo una revelación importante: sin duda, su habilidad para cumplir con sus acuerdos, era una fortaleza. Pero vio que se sentía frustrada cuando eran otras personas las que establecían la agenda. Solamente se sentía realizada cuando era ella la que decidía lo que había que hacer cuando se trataba de cumplir con sus propios acuerdos. La satisfacción para Melissa venía cuando los compromisos que asumía estaban al servicio de su pasión y necesidad de independencia. Después de pasar por nuestro proceso, ella llegó a su verdadera esencia: bailar. A Melissa le encantaba el ballet, el baile moderno, el baile folclórico y en especial el baile de salón.

Con algo de entrenamiento, Melissa creó una página de internet para baile de salón. En 18 meses estaba ganando lo suficiente como para renunciar a su empleo y dedicarse por completo a su propia empresa. Ella se siente próspera cada vez que celebra que pudo liberarse de mantener los compromisos que hacía con otros para favorecer los acuerdos que hizo consigo misma.

COMPROMÉTETE CON TU CAMINO DE PROSPERIDAD

Pasos de prosperidad

La experiencia nos ha mostrado que no estás listo para hacer un compromiso significativo con tu camino hacia la prosperidad a menos que entiendas esa nueva dirección en tu mente y corazón. Si pones manos a la obra de inmediato, definiendo tu plan, entonces vas a comprometerte con confianza sabiendo que la prosperidad será el resultado exitoso.

Cumple con tu camino de prosperidad al responder a estas afirmaciones en internet ingresando a www.prosperbook.com/PS5.

Si puedes, memoriza las respuestas.

Mi punto polar es:

Pretendo obtener ganancias a partir de mi esencia al:

Comenzaré con lo que tengo al:

Preguntas adicionales sobre prosperidad:

1. ¿Qué problema estoy tratando de resolver?

2. ¿Qué es lo que estoy vendiendo u ofreciendo?

3. ¿Cuál es mi canal de distribución?

4. ¿Cómo voy a hacer que otros sepan qué estoy ofreciendo?

5. ¿Quién es mi cliente objetivo?

6. ¿Cuántas personas están dispuestas a pagar por una solución a este problema?

7. ¿Qué ofertas similares a la mía ya están disponibles?

8. ¿Qué hace que mi oferta sea mejor, única y especial?

9. ¿Cómo voy a presentarle mi solución a los clientes?

A continuación están las razones por las cuáles deseo prosperidad:

Visualización de prosperidad

Imagina que te encuentras con un viejo amigo a quien no has visto en 5 años. Tu amigo está emocionado de verte y quiere ponerse al día. Tiene varias preguntas. Por favor responde las preguntas de tu amigo como crees que las responderías dentro de 5 años.

1. ¿Dónde vives ahora?

2. ¿Qué clase de auto conduces?

3. ¿Cómo te estás ganando la vida?

4. ¿Cuánto estás ganando?

5. ¿Qué pasatiempos practicas constantemente?

6. ¿Cuál fue la última parte a la que fuiste a pasar unas vacaciones de 2 semanas?

Metas de prosperidad

Todo el mundo necesita metas. Tus metas son lo que quieres alcanzar, lograr, a donde quieres llegar o lo que quieres realizar. Sin metas es difícil tener un sentido de orientación y logro. Miremos cuáles son tus metas:

Mis metas para...

Hoy:

Mañana:

La próxima semana:

El próximo mes:

El próximo año:

El siguiente año:

Dentro de 3 años:

Dentro de 5 años:

Dentro de 10 años:

Acuerdo para mantenerte en el camino hacia la prosperidad

Por este medio, yo, _____, me comprometo a lograr mi camino hacia la prosperidad. Acepto establecer límites firmes, a "hacerme presente y a estar presente". Entiendo que necesito rendir cuentas de mis acciones porque "si ha de ser, depende de mí". Accedo a dedicar por lo menos entre 5 y 10 horas semanales a desarrollar mi futura prosperidad. Me comprometeré a actuar en diseñar y llevar la vida que realmente quiero y a defender los valores que represento. Prometo reconocer la abundancia que ya tengo mientras logro mis metas a lo largo de mi camino hacia la prosperidad. Entiendo que con la expectativa de nuevos resultados en mi vida, también viene la expectativa de nuevas acciones. Me comprometo totalmente a estas acciones requeridas para el cumplimiento de mis metas.

_____   _____

Nombre completo (Firma)   Fecha.

CAPÍTULO 6

TOMA ACCIONES DE FONDO

"El emprendimiento debe seguir a la visión. No es suficiente observar los escalones, debemos subir las escaleras".

—Vance Havner

Un enigma: hay 5 sapos sentados en un tronco y 4 deciden saltar del tronco. ¿Cuántos quedan?

Respuesta: todos los 5. Probablemente 4 hayan decidido saltar, pero mientras no actúen y salten, los sapos van a seguir ahí.

La sexta práctica de prosperidad reconoce que incluso la mejor planeación del mundo no es relevante a menos que se convierta en acción. La decisión es crítica. Nada sucede sin una decisión. Pero, adivina: nada sucede con una decisión a menos que la siga una acción de fondo.

La acción de fondo no es una simple acción. Al hablar de una acción de fondo nos referimos a una acción que tiene 3 elementos. El primero es de respaldo para la decisión. El segundo está de acuerdo con tus valores y pasiones esenciales. Y el tercero es consistente con tu punto polar.

Incluso la mejor decisión no es efectiva si se le deja acumulando polvo. Cuando hayas tomado una decisión, no la hagas a un lado. Hacerlo sólo va en contra del poder de esa decisión. En lugar de eso, ponla en práctica. Comienza a implementarla sin ningún retraso. Tienes el conocimiento, las habilidades y la imaginación para alcanzar tus metas. En este momento has hecho la introspección y has reunido el conocimiento especializado. Tienes tu red en su lugar. Sabes que tienes el deseo para hacerla realidad. Tienes todas las herramientas necesarias para tomar acciones efectivas y prósperas.

CÓMO TOMAR MEDIDAS DE FONDO

En una ocasión un hombre se le acercó al gran financista millonario J. P. Morgan y le dijo: "Señor Morgan, tengo en este sobre la fórmula que garantiza el éxito y se la venderé con gusto por $25.000 dólares". "Señor", dijo J. P. Morgan, "no sé qué contenga el sobre, pero si me lo muestra y me agrada, le doy mi palabra de caballero que le pagaré lo que está pidiendo".

El hombre accedió a los términos de J. P. Morgan y le entregó el sobre. J. P. Morgan lo abrió, extrajo una sola hoja de papel. Le dio una rápida mirada, la volvió a poner en el sobre y pagó el precio acordado de $25.000. Esto es lo que contenía la nota:

1. Cada mañana escribe una lista de las cosas que hay para hacer ese día.

2. Hazlas.

¿Por qué J. P. Morgan accedió a pagar $25.000 por un consejo tan obvio? Porque entendía que los viejos hábitos se arraigan y que un compromiso con un nuevo camino requiere disciplina e incluso sacrificio. Nada forma nuestra disciplina más que pagar por ella. ¿Qué hay en nuestra naturaleza humana que nos hacer valorar más aquello por lo que pagamos? La siguiente historia ilustra a qué nos referimos:

En una ocasión iba un sabio transitando por un camino antiguo cuando un guerrero samurái lo enfrentó. Blandiendo su espada el samurái preguntó: "¿Quién es usted? ¿Hacia dónde se dirige? ¿Por qué va hacia allá?" Sin perturbarse, el sabio simplemente preguntó: "¿Cuánto te paga tu maestro?". El samurái fue tomado por sorpresa ante la falta de temor en la voz del sabio. "Me paga 2 monedas de oro al mes", respondió. El sabio reflexionó por un momento y luego dijo: "Te tengo una propuesta: te pagaré 3 monedas de oro al mes si cada mes me detienes en este punto del camino y me retas a responder esas mismas 3 preguntas".

Esta es una historia para revelar tu verdadero yo, la primera de las 6 prácticas de prosperidad que creemos que son la clave para una vida de prosperidad sostenible. ¿Qué tan seguro sería nuestro camino hacia la prosperidad si todos tuviéramos a alguien en quien pudiéramos depender para que nos confrontara con las preguntas difíciles de la vida y no quedáramos satisfecho con las respuestas fáciles?

¿Qué tan preparado estás para pagar por lecciones que te permitan tomar la acción de fondo que llevará tu vida hacia ha dirección correcta?

Aquellas personas a quienes no les agrada la manera como va su vida nos hacen muchas preguntas. Nos dicen que podrían tener más éxito si tan sólo la economía estuviera mejor, si sus jefes no fueran tan mezquinos o si sus padres no tuvieran tan poca visión. ¿Con qué frecuencia escuchas la frase: "Tienes que jugar con las cartas que te dio la vida"? Nosotros creemos que el camino hacia la prosperidad comienza cuando entiendes que tú eres quien reparte las cartas. La mejor manera de predecir el futuro es creándolo.

Nuestro entrenamiento comienza ayudando a nuestros estudiantes a entender que mientras el problema parece estar "allá afuera", en realidad el verdadero problema está mucho más cerca a casa. En gran medida, la experiencia de nuestros estudiantes está trazada por las creencias y pensamientos que ellos repiten a diario. Las creencias que tienen acerca de sus profesiones, familia, relaciones y en especial, el dinero, son los guiones que determinan su vida. Una de las primeras metas del entrenamiento es ayudar a los estudiantes a retar la percepción de que esas limitaciones son las cartas que han recibido; en lugar de eso, ellos deben aceptar que son ellos quienes sistemáticamente se han dado esas cartas a sí mismos. La segunda meta es lograr que los estudiantes digan: "Todo esto lo he creado yo. Y tengo el poder de cambiar lo que yo he creado".

No pretendemos que esto sea fácil. Hay razones por las cuales nuestros estudiantes llegaron a aceptar esas limitaciones. Para desmantelar esas creencias limitantes hay que reemplazarlas con un conjunto de creencias más potenciadoras. Para este paso es necesario que los estudiantes hagan preguntas muy difíciles: "¿Qué debo creer acerca de mí mismo y de la manera como participo en esta área de mi vida para hacer que sea como deseo?". Si quieren cambiar el resultado, tienen que cambiar las creencias subyacentes que seguramente están limitándolos.

Comprométete con la acción constante

La acción constante surge en tu esencia y te mantiene en tu camino. Reúne todas las cosas.

Dile "Sí" al "No". A veces, el tomar acciones de fondo implica decir "no". El hacer un compromiso con un curso de acción significa decirle "no" a los otros, algunos de los cuales en ocasiones pueden parecer más atractivos que el curso que has elegido. Pero decirle "Sí" a todo en realidad significa decirle "Sí" a nada. Por tal motivo es muy importante que la acción fluya de tus valores y pasiones fundamentales. El alinearte con tu esencia sirve para iluminar el camino por el que vas, afirmando así tus pasos. De repente, los caminos laterales se verán menos atractivos. Es bueno ser flexible, no estamos defendiendo el seguir ciegamente el camino hacia un abismo sólo porque lo que elegiste. Nosotros animamos a los estudiantes a cimentar sus decisiones en la evidencia. Pero cuando no hay evidencia, el camino a seguir es manteniendo los ojos puestos en el premio.

Muévete rápidamente. La vacilación es el enemigo de las acciones de fondo. Nosotros entrenamos a nuestros estudiantes a avanzar rápida y efectivamente. La meta es seguir una corriente que te permita hacer que todo tu ser mental y físico participe en la tarea. La disciplina y la claridad aumentan cuando todo esto sucede. Disfrutarás el proceso y todo lo que emprendas parecerá menos trabajo y se sentirá más como una pasión. Todo esto sucederá cuando avances rápida y efectivamente hacia tus metas.

Ten fe en ti. La fe es una de esas palabras que significan mucho para algunas personas y muy poco para otras. Para nosotros la fe es una gran parte de nuestra propia prosperidad. Muchos de nuestros estudiantes también ven que pueden enganchar su fe con sus metas. Al igual que nosotros, ellos reconocen una conexión con algo más grande que ellos mismos. Pocos de nuestros estudiantes han volteado sus ojos ante la supuesta naturaleza espiritual del viaje hacia la prosperidad, pero en nuestra experiencia, la mayoría de la gente sencillamente no está segura del papel que juega la fe. En secreto les preocupa no tener suficiente fe, ya que si no creen en las cosas correctas o no pueden decir las palabras mágicas, no alcanzarán sus metas y todo será culpa de ellos por no creer lo suficiente.

Queremos reafirmarles a los lectores que la fe no funciona de esa manera. La fe en un poder mayor le da a la gente un impulso de significado, pero por sí misma no es el camino seguro hacia el éxito. Más bien, la fe de la que estamos hablando es aquella que proclama que ya tienes todo lo que necesitas para obtener todo lo que deseas. En otras palabras, tú eres suficiente. Si no tienes más, ¿puedes tener fe en eso? Desde nuestra perspectiva, mientras se trate de fe, esta es la conclusión: tus decisiones y acciones son mucho más efectivas cuando se basan en la fe en ti mismo que cuando se basan en dudas. La esperanza es tan importante como la fe. Tenemos la esperanza de que haya algo mejor antes que podamos o deseemos tener fe en eso.

Ten el valor para mantener tu decisión. No importa qué decidas. Habrá personas que retarán tu decisión. De hecho, entre más revolucionaria y valerosa sea tu acción, más personas cuestionarán tu camino. La vacilación a veces es tentadora pero justo ahí es donde entran el valor y la claridad. El valor es la disposición a ir contra la corriente. La claridad es la habilidad de mantener tu mirada en tu punto polar, sin importar todas las distracciones.

No des marcha atrás. Uno de los elementos de las acciones de fondo es que son hechas de tal forma que no hay vuelta atrás. La acción que fácilmente es reversible rara vez es la más efectiva.

COMPAÑEROS DE PROSPERIDAD

Aunque es importante tener confianza para ignorar influencias externas, también es útil saber cuándo pedir consejo. Nadie puede hacerlo solo. Uno de los elementos claves de comenzar con lo que ya tienes es hacer una lista de las personas esenciales en tu red, que sepan inspirarte, guiarte, ayudarte y servirte de mentores. A estas personas las llamamos compañeras de prosperidad. Napoleón Hill las llama grupos cerebro. Cualquiera sea el nombre y como sea que los organices, son personas que se reúnen para apoyarse, retarse y servirse unas a otras como recursos. Tus compañeros de prosperidad pueden ser ejecutivos dispuestos, inversionistas, familiares, amigos y ex compañeros de trabajo. Todo lo que necesitan es reunirse para apoyarse colectivamente unos a otros en su búsqueda de metas individuales.

Un reto que enfrentarás a medida que progresas en la creación de algo vitalmente importante para ti, es que recibirás toda clase de retroalimentación, en algunos casos contradictoria. Es vital tener la habilidad de escuchar lo que los demás tienen que decirte, pero sin permitir que nadie te saque del camino. No todo el mundo es de ayuda, incluso quienes tienen las mejores intenciones.

La mentalidad de cangrejo

Como hemos dicho, la mayoría de personas tiene buenas intenciones pero eso no quiere decir que algunas de ellas no sean tóxicas. De vez en cuando escuchamos de seres queridos o amigos cercanos a estudiantes que han comenzado su viaje hacia la prosperidad, que critican, cuestionan o menosprecian tus planes. Al parecer, entre más íntima sea la relación, más personal es el reto. A esto lo llamamos "la mentalidad de cangrejo".

¿Alguna vez has visto un balde lleno de cangrejos vivos? Usualmente un cangrejo particularmente ambicioso o inteligente trata de escapar agarrando la tapa y halando para salir del balde. Los otros cangrejos deberían seguir su ejemplo tratando de hacer lo mismo, pero en lugar de eso otra cosa sucede: antes que llegue muy lejos, los otros halan al cangrejo decidido de vuelta al balde. La analogía humana es la de un grupo tratando de hacer volver atrás a cualquier miembro que aspire a alcanzar el éxito. Con frecuencia, la comunidad impone un falso sentido de solidaridad: "¿Qué sucede? ¿Crees que eres mejor que nosotros?".

No es difícil ver qué es lo que sucede. Después de todo, si progresas con pasión y compromiso, las luchas que los demás tengan con sus situaciones serán una excusa menos para no hacer lo mismo. Es mucho más fácil hacerte volver que enfrentar la humillación de quedarse atrás. Lo que todas estas personas tienen en común es que piensan más en sí mismas que en ti. Mientras se trate de tu camino hacia la prosperidad, los demás no tienen razón en lo que sea que digan si no tienen en cuenta lo que realmente eres, lo que más te importa y lo que sabes que es verdad acerca de ti mismo. Afortunadamente la mentalidad de cangrejo no es común, pero sucede, así que necesitas estar preparado para encontrarte con ella.

TOMA ACCIONES DE FONDO

Pasos de prosperidad

La acción de fondo no es una simple acción. Al hablar de una acción de fondo, nos referimos a un a acción que tiene 3 elementos. El primero es de respaldo para la decisión. El segundo está de acuerdo con tus valores y pasiones esenciales. Y el tercero es consistente con tu razón.

Completa este paso de prosperidad en internet ingresando a www.prosperbook .com/PS6.

Consejos para las acciones de fondo

- Comprométete con la acción constante.
- Dile "Sí" al "No".
- Muévete rápidamente.
- Ten fe en ti.
- Ten el valor para mantener tu decisión.
- No des marcha atrás.
- Encuentra compañeros de prosperidad.
- Mantente atento a la mentalidad de cangrejo.

Preguntas de acciones de fondo

1. ¿Qué acción tendría el mayor impacto en mi éxito con mis metas?

2. ¿Cuál es la acción que más debo realizar hoy?

3. ¿En qué siento que estoy listo e inspirado para hacerlo ahora mismo?

4. ¿Cuáles son los aspectos negociables y no negociables de mi plan de acción?

CAPÍTULO 7

PROSPERIDAD
EN MOVIMIENTO

**"El peor error que la gente comete es no tratar
de ganarse la vida haciendo lo que más disfruta".**

—MALCOLM FORBES

En este capítulo final, te mostraremos cómo lo hizo Rebecca Miller. En este caso, te guiaremos por cada una de las 6 prácticas de prosperidad que Rebecca siguió. Esta historia reproduce todas las hojas de trabajo que ella completó, junto con sus respuestas. Esperamos que al seguir el progreso de Rebecca con este caso, tengas un mejor entendimiento de la integración de todos los pasos y de cómo se usan en un compromiso de entrenamiento típico.

Al seguir el proceso de principio a fin de uno de los estudiantes, esperamos que aprecies mejor el poder de las 6 prácticas de prosperidad y la manera en que se integran. El capítulo 5 presentó el plano de prosperidad de un estudiante, pero no muestra cómo llegó él a ese plano. En este capítulo mostramos cómo un estudiante fue paso a paso por cada una de las prácticas de prosperidad.

Por favor ten presente que para este caso hemos elegido a un estudiante siguiendo un camino emprendedor para encontrar su zona de prosperidad. Pudimos habernos concentrado en un estudiante que hubiera preferido trabajar al interior de su organización, o en alguien en un viaje de crecimiento personal. También hemos tenido cientos de estudiantes con deseos de cambiar de profesión para trabajar con finanzas personales o negociación con intercambio de divisas, a los cuales pudimos haber presentado en esta parte del proceso. Elegimos este caso en particular como el que mejor nos permite demostrar lo más plenamente posible cómo las 6 prácticas de prosperidad se ajustan entre sí en un plan coordinado.

PRESENTAMOS A REBECCA MILLER

Rebecca Miller, edad 38 años, vive en Milwaukee con su esposo Bud y sus dos hijos, April, de 8 años y David, de 6. Rebecca tiene un título en Administración de Empresas. Antes de tener hijos, trabajaba como Directora de Mercadeo en un *spa* de salud. Renunció cuando el estrés de trabajar tiempo completo y cuidar de su familia comenzó a afectar su salud. Su esposo Bud trabaja en construcción. Cuando tiene trabajo hay buenos ingresos pero éstos fluctúan con las estaciones y el trabajo no es fijo. El ingreso mensual de los Miller varía entre los $3.000 y $5.000 dólares y casi nunca queda algo o muy poco para ahorrar.

Rebecca nos buscó porque quería aportar más al bienestar económico de su familia haciendo algo que le permitiera realizarse profesionalmente. No quería volver a trabajar como una empleada de bajo nivel. La meta de Rebecca era comenzar una empresa vía internet que pudiera dirigir desde su casa según su propio horario. Es más, ella quería comenzar un negocio que disfrutara trabajando en algo que fuera de su interés. Los ingresos de ese negocio deberían allanar el camino hacia la prosperidad de la familia Miller.

A propósito, nos gusta trabajar con personas como Rebecca que tienen alguna idea de lo que quieren y cómo quieren alcanzarlo.

Todo entrenador te dirá que quienes comienzan con una dirección, así ésta cambie posteriormente, tienen mayores probabilidades de éxito que quienes llegan con una actitud de "haré cualquier cosa".

Quentin, uno de nuestros entrenadores mejor certificados, fue asignado para ayudar a Rebecca. Lo primero que Quentin hizo fue hacerle varias preguntas y escuchar sus respuestas atentamente. Esto es lo que él le preguntó y lo que ella le dijo. Este intercambio suele involucrar conversación y cuestionarios escritos.

Quentin: *¿Cómo te sientes con tu situación actual en la vida?*

Rebecca: *Siento que puedo hacer más para aportar a los ingresos de mi hogar. Me preocupo por estar segura de pagar todas las cuentas y de cuidar a mi familia. He trabajado muy duro para llegar a donde estamos ahora y con todo subiendo de precio, temo que no podamos mantenernos. Hemos estado viviendo de sueldo a sueldo con los ingresos de mi esposo. Tenemos nuestros ahorros, pero no quiero verlos desaparecer ahora con mi empresa inconstante.*

Quentin: *Por favor haz una lista de 3 resultados que te comprometes a alcanzar dentro de los siguientes 90 días.*

Rebecca: *(1) Decidir definitivamente qué idea o producto quiero comercializar. (2) Tener una página web finalizada y funcionando. (3) Haber ganado mi primer dólar por internet.*

Quentin: *¿Por qué sientes que estas metas son las más importantes?*

Rebecca: *Necesito superar el primer obstáculo de no saber de qué se tratará mi negocio, así que eso es lo primero que siento que debo decidir. También sé que un excelente sitio en internet es integral para cualquier negocio que se base en internet. No tengo negocio sin página web. Y me conozco a mí misma. Probablemente nada me emocionará más que mi primera venta. Una buena primera venta me mantendrá motivada por meses.*

Quentin: *¿Qué te ha impedido lograr estos resultados en el pasado?*

Rebecca: *Entre mi empleo en el que trabajaba 40 horas a la semana y cuidar de mis hijos al llegar a casa, me dejaban exhausta. Toda la información disponible respecto a cómo iniciar un negocio por internet, me resulta abrumadora. No estoy segura que el producto que elija vender produzca suficiente dinero para mí. Luego está la falta de conocimiento, la cual se puede arreglar, pero sin embargo está presente. Es por eso que siento que necesito dirección para comenzar.*

Quentin: *¿Cuáles consideras que son tus mayores logros en la vida?*

Rebecca: *Tener un matrimonio feliz con dos hermosos hijos. Haber obtenido un título al graduarme de la universidad y haber encontrado un buen empleo en mi profesión después de mis estudios. Haber ascendido practicante desde mercadeo en un gimnasio hasta asumir la posición de directora. Haber comprado nuestra primera casa.*

Quentin: *En el futuro, cuando recuerdes tu vida, ¿qué deseas haber logrado?*

(Nota: En este punto Quintin está preguntando el punto polar de Rebecca).

Rebecca: *Haber tenido éxito en todas mis relaciones, haber tenido una empresa exitosa, saber que hice todo lo que pude para alcanzar mis metas, haber donado a obras sociales, haber tenido prosperidad, no sólo en términos de dinero, sino en todos los aspectos de mi vida. Es decir, haber tenido la libertad para viajar, ayudar a otros y saber que le aporté valor a todas mis relaciones. Quiero poder disfrutar la vida con mi esposo y mis hijos en lugar de trabajar y preocuparme todo el tiempo. Quiero ser libre de deudas, tener mi propia casa totalmente libre de deudas y tener una empresa rentable.*

Quentin: *¿Qué hábitos crees que necesitas dejar, cambiar o adoptar para lograr tus metas?*

Rebecca: *Los hábitos que debo dejar son el temor al fracaso, la procrastinación y la inseguridad. Los hábitos que debo adoptar son:*

trazar metas de manera impecable, priorizar y mejorar el manejo del tiempo.

Quentin: *¿Qué es lo que más te motiva o inspira? ¿Por qué eso es lo más importante para ti?*

Rebecca: *Mi familia. Ellos me dan propósito en la vida. Sin ellos, sería sólo otra persona buscando una razón para vivir. Ahora mismo, lo que más me carga es no tener tiempo libre para hacer lo que quiero cuando lo quiero. Así que algo verdaderamente motivador es hacer algo que me dé más libertad. No vivir de sueldo a sueldo es motivador porque así puedo sentir que estoy aportando para el hogar; y podemos tener dinero para viajar y experimentar nuevas cosas y culturas.*

Quentin: *Queremos educarte de la manera más efectiva y personalizada posible. Describe cuál es tu estilo de aprendizaje preferido.*

Rebecca: *Cuando me dan una tarea, soy muy buena para llevarla a cabo. Pero, tiendo a no tener imaginación ni habilidades para tomar iniciativa para hacer las cosas por mí misma. Así que me irá muy bien si me dicen qué es lo que debo hacer. También aprendo fácil con métodos visuales. Me gusta ver las cosas y ver cómo se integran antes de hacerlas yo misma.*

He pasado mucho tiempo estudiando y aprendo mejor por medio de la práctica y el debate. Me gusta lanzar y escuchar ideas entre personas, porque así hay más comunicación que sólo palabras.

Quentin: *¿Hay algo más que quieras compartir y que sea de ayuda en el apoyo que te dé tu entrenador?*

Rebecca: *Siento que no logro superar el obstáculo de encontrar esa idea o producto ideal. Entiendo todo lo que tiene que ver con investigación de mercados, pero no tengo mucha certeza respecto a poder llevarlo al siguiente nivel. La orientación, hasta donde alcance, será muy buena. Cuando me siento abrumada, tengo la tendencia a esconderme por uno o dos días. Es la manera como descanso, me recompongo y enfrento todo lo que haya que hacer. Sé que ese hábito no me es muy útil.*

Quentin: *¿Cómo definirás la efectividad de tu programa de entrenamiento personalizado?*

Rebecca: *Si estoy alcanzando mis metas semanales y viendo un progreso tangible, entonces será efectivo para mí. También necesitaré ver un beneficio financiero para considerar que este programa sea un éxito. Esto parece superficial, pero el dinero habla. Si trabajo desde casa, pago las cuentas, viajo cuando y a donde quiera, entonces ése será el factor determinante para definir la efectividad del entrenamiento.*

Quentin: *¿Qué cambios grandes crees que debes hacer a fin de alcanzar el éxito por medio de este programa?*

Rebecca: *Desarrollar una mentalidad más positiva, administrar mejor el tiempo, ser de mente abierta. Dejar de procrastinar.*

TRABAJANDO EN LAS PRÁCTICAS

En este punto, sigamos a Rebecca en su recorrido por las 6 prácticas de prosperidad discutidas en los capítulos anteriores. Observa las respuestas que ella da a las mismas hojas de trabajo que te animamos a completar al final de los capítulos 1 al 6. La meta es que el estudiante identifique sus deseos de prosperidad y siga su punto polar, y no que descarte casillas en una hoja de trabajo de entrenamiento.

Revisemos las 6 prácticas de prosperidad antes de mirar las respuestas de Rebecca Miller:

- Práctica 1: Encuentra tu punto polar
- Práctica 2: Vive en tu zona de prosperidad
- Práctica 3: Usa tu esencia para obtener ganancias
- Práctica 4: Comienza con lo que ya tienes
- Práctica 5: Comprométete con tu camino hacia la prosperidad
- Práctica 6: Toma acciones de fondo

Práctica 1: Rebeca ubica su punto polar. Así es como Rebecca Miller creó su lista en el primero de los pasos de prosperidad en el capítulo 1. Su siguiente paso fue seguir un proceso de eliminación para identificar, primero, las 10 cosas que más valora, y segundo, las 3 más importantes. Ella comenzó haciendo una lista por medio de una lluvia de ideas, luego identificó las 10 más importantes trazando una línea sobre todas las que descartaba. En el tercer paso, Rebecca hizo una segunda línea sobre las 10 hasta que quedaron 3.

Lo que Rebecca más valora:

Felicidad	~~Ser organizada~~	~~Ser decidida~~
~~Sinceridad~~	~~La honestidad~~	~~Tener un salario anual~~
~~Una cabaña en el lago~~	~~La pasión~~	~~de 6 cifras~~
~~Hacer el bien~~	~~Tener sillas de prime-~~	~~Tener riquezas~~
~~La lealtad~~	~~ra fila en los juegos de~~	~~Ser una buena ciuda-~~
Las relaciones	~~los Lakers~~	~~dana~~
~~Viajar con frecuencia~~	~~Ayudar~~	~~Ser frugal~~
~~Tener propósito~~	~~Amar~~	La integridad
~~Tener fe~~	~~Tiempo de calidad en~~	~~La limpieza~~
~~La libertad~~	~~familia~~	~~El respeto propio~~
~~La innovación~~	~~Tener un ropero ele-~~	~~Tener un auto lujoso~~
~~Ser positiva~~	~~gante y a la moda~~	

Ahora, respecto a sus 3 atributos más importantes, la felicidad, las relaciones y la integridad, Rebecca dio respuestas cortas a las siguientes preguntas:

1. ¿Qué tienen en común tus selecciones?

    Todas están centradas en relaciones de alta calidad.

2. ¿Todo aquello que es más importantes para ti, está en línea con la manera como obtienes tus ingresos actualmente?

Sí. Y si pudiera obtener ingresos de forma deshonesta, no los conseguiría.

3. ¿Qué dice esa lista respecto a lo que esperas de ti mismo?

    Balance entre el trabajo y la vida. Seguir siendo alguien con Don de gentes y usar el desarrollo de relaciones interpersonales como una fortaleza y un activo.

4. ¿De qué manera tu vida y tu carrera serían diferentes si consistentemente te concentraras en las cosas que más valoras?

    Me divertiría más haciendo algo que vaya conmigo e involucre mis pasiones y talentos.

5. ¿Esta lista refleja la manera como realmente diriges tu vida?

    Sí, estoy totalmente de acuerdo con hacer algo verdaderamente mío.

La declaración de punto polar de Rebecca

Rebecca comenzó haciendo una lista sencilla de sus 3 atributos más importantes:

Mi punto polar incluye felicidad, integridad y relaciones.

Luego escribió una declaración de marco para su punto polar incluyendo los 3 valores y comenzando la afirmación con la palabras: "Prometo guiar cada aspecto de mi vida por medio de...".

Prometo guiar cada aspecto de mi vida mediante una inquebrantable lealtad a mis valores más entrañables de integridad y relaciones. Una vida anclada en esas cualidades resultará en una felicidad fundamentada en obtener utilidades a partir de mi esencia y prioridades más profundas. Esos valores van a ser faros de orientación inamovibles para mí en medio de las diversas pruebas y dificultades. El marco de mis respuestas se arraigará en esos 3 valores.

Práctica 2: Rebecca encuentra su zona de prosperidad. Para Rebecca es el lugar en donde lo que le encanta hacer más que cualquier cosa en todo el mundo, también le permite ganar dinero. Ella verdaderamente está viviendo su mejor momento cuando lo que le hace ganar dinero la hace feliz a ella y a otras personas, cuando el trabajo no parece trabajo para nada. Ella está en su zona de prosperidad cuando sabe cómo equilibrar su deseo de felicidad con lo que gana y cómo lo gana.

Luego Rebecca respondió a las preguntas de la sección de pasos de prosperidad del capítulo 2: ¿A cuántas de las siguientes preguntas responderías honestamente "Sí"?

1. ¿Hay alineación entre cómo te ganas la vida y tu esencia?

    Sí.

2. ¿Tus "metas flexibles", están basadas en la confianza que viene de concentrarte en lo que tienes, en lugar de desesperarte por aquello de lo que careces?

    Sí.

3. ¿Estás haciendo un progreso estable en el crecimiento de tus ingresos para poder financiar tu estilo de vida y que aún así haya dinero disponible para ahorrar, invertir o dar?

    Sí, sí, sí

4. ¿Eres feliz porque tu felicidad concuerda con tus valores, talentos y pasiones?

    Sí.

5. ¿Tienes establecidos sistemas o redes de apoyo?

    Sí.

6. ¿Celebras las victorias, grandes y pequeñas mientras fijas tu mirada en tu punto polar?

   Estoy trabajando en eso. Creciendo cada día.

7. ¿Estás dando parte de tu prosperidad para generar valor y mejorar la vida de otros?

   Sí. Sí, aunque con el tiempo quisiera que fuera más.

Dinero

1. ¿Tu perspectiva financiera es positiva?

   Sí.

2. ¿Tienes excedentes después de pagar todas tus obligaciones financieras?

   Sí, no mucho, pero sí.

3. ¿Disfrutas lo que haces para obtener ingresos?

   Sí.

4. ¿Sientes que tus ingresos están en línea con tu pasión?

   Sí.

5. ¿Vas por buen camino para ganar más dinero este año en comparación con el año anterior?

   Sí.

6. ¿Sientes que estás progresando? (¿O sólo sobreviviendo?)

   Progresando.

Felicidad

1. En términos generales, ¿estás feliz con tu posición actual en la vida y hacia donde te diriges?

   No siempre, pero estoy trabajando en eso.

2. ¿Sabes hacia dónde vas?

    Sí.

3. ¿Sientes que estás avanzando? (¿Retrocediendo o estancado?)

    ¡Sí, avanzando!

4. ¿Estás feliz con las diferentes facetas de tu vida? (¿Personal, familiar, profesional, física y financiera?)

    Todo sí.

5. ¿Tienes una imagen personal positiva y vives con tu propia "onda personal"?

    A veces es difícil estar "animada", pero esa es mi meta.

6. ¿Te alegras por los demás cuando tienen éxito?

    Eso es fácil. Sí.

Sostenibilidad

1. ¿Sientes que estás creciendo personal, profesional y financieramente?

    Sí.

2. ¿Compartes y das parte de tu prosperidad?

    No mucho todavía, pero doy lo que puedo.

3. ¿Celebras la vida y todas tus victorias con gozo e intencionalmente?

    Sí.

4. ¿Tienes un plan a largo plazo para crecer en tu felicidad y riqueza actuales?

    Sí.

5. ¿Has diversificado tus fuentes de ingresos?

    Todavía necesito trabajar en eso.

6. ¿Evalúas tu punto polar con frecuencia y corriges el curso según como sea necesario?

    Sí.

Según sus respuestas a estas preguntas, Rebecca está satisfecha con lo que ha alcanzado. Después de un periodo de reflexión satisfactorio, ella entendió qué áreas necesitaban más desarrollo. Ella está segura que va por buen camino para vivir en su zona de prosperidad.

Práctica 3: Rebeca usa su esencia para obtener ganancias. Rebecca se sentía un poco abrumada con la tarea que surgía ante ella. Tenía miedo de la competencia y en realidad no sabía cómo diferenciarse de los demás. Sabía que en el mercadeo necesitas tener una marca y luchaba con encontrar su propia voz en el mercado. Sentía que era muy diestra con todas las marcas pero no dominaba ninguna. Luchaba por encontrar cómo convertir sus pasiones en un retorno de inversión. En su mente escuchaba el eco del consejo de sus padres: "Elige algo que te encante hacer y nunca trabajarás un sólo día en la vida", pero también veía a sus amigos con títulos universitarios en carreras que les gustaban, pero sin encontrar empleo o que estaban haciendo algo completamente lejos de su área profesional. Se emocionaba con lo que las sesiones de entrenamiento le estaban enseñando respecto a cómo lograr ganancias con su esencia.

En este punto, Rebecca transfirió las 3 prioridades de su punto polar a la declaración completa de punto polar.

Punto polar Prioridad 1	Punto polar Prioridad 2	Punto polar Prioridad 3
Felicidad	Relaciones	Integridad

MI DECLARACIÓN DE PUNTO POLAR

Prometo guiar cada aspecto de mi vida mediante una inquebrantable lealtad a mis valores más entrañables de integridad y relaciones. Una vida anclada en esas cualidades resultará en una felicidad fundamentada en obtener utilidades a partir de mi esencia y prioridades más profundas. Esos valores van a ser faros de orientación inamovibles para mí en medio de las diversas pruebas y dificultades. El marco de mis respuestas se arraigará en esos 3 valores.

Luego ella respondió las siguientes preguntas:

1. En 30 palabras o menos di cuál es la definición de tu esencia:

   Alinear los valores esenciales con un modelo de empresa prestando servicios al segmento de spa de salud y masajes. Preeminencia, singularidad, valor y calidad son las señales de la identidad de nuestros productos y servicios.

2. Nombra 5 empresas o negocios que estén en línea con tu pasión y tu esencia. ¿Cuáles son sus modelos de negocio? ¿Cuáles ofrecen el mayor valor o recompensa?

   Johnston Health Services, Gardner Massage, Holistic Health, Spa Kendrick, y School of Massage.

3. ¿Cómo puedes ser la mejor en tu campo? ¿Qué te hará diferente, superior y especial? ¿Cuál va a ser tu onda personal?

   Voy a vender productos de forma directa en mi página web a los spas y nuevas terapistas de masajes y estos productos incluirían, mas no se limitarían a: camillas de masajes, sillas para masajes, aceites de gama alta, toallas y batas orgánicas y productos de alta calidad para el cuidado de la piel. En la fase 2 comenzaré una página web de E-C (Empresa a Cliente) la cual ofrecerá varios niveles de cestas de regalos para el público e incluiré un blog en el que reviso productos, servicios y empresas específicas para la industria de spas.

4. ¿Cómo vas a ser compensada? ¿Cuál es tu estándar de medida del éxito?

Mi mercado es de donde vienen mis utilidades. En mi página web de E-E (Empresa a Empresa), tendré productos que entrego o envío a mis clientes. Esto me permite reunir compradores y fabricantes sin costos inmediatos. Seré el mostrador en línea para los productos. Es lo que ganaré por localizar fabricantes, incluso algunos "respetuosos del medio ambiente" y poner sus productos a disposición de spas y compradores individuales. Haré que el sitio en línea sea atractivo y relevante extendiéndolo a una comunidad en línea en la que propietarios de spas y terapistas de masajes puedan intercambiar ideas acerca de cómo cuidar de clientes y cosas similares.

Mi éxito lo mediré según utilidades e ingresos. A medida que crezca la empresa, mi estándar será una reducción en el temor y la preocupación respecto a nuestras finanzas, mi aporte a los ingresos, nuestros crecientes ahorros y más libertad para ser familia y viajar juntos. Quiero darles a mis hijos oportunidades que nunca tuve. Me gustaría crear una tradición de viajes en Navidad y tiempo en familia. Mi esposo y yo valoramos la educación. Me gustaría comenzar un ahorro para la universidad de mis hijos.

Práctica 4: Rebecca comienza con lo que ya tiene. Tras haber establecido una relación de confianza con Rebecca, Quentin estaba listo para comenzar el proceso. Muchas de sus preguntas ya habían puesto a pensar a Rebecca acerca de los activos con los que podía trabajar. Al igual que muchos apenas comenzando el proceso de entrenamiento, Rebecca había hecho énfasis en los déficits (ignorancia, procrastinación, inseguridad) que estaba poniendo sobre la mesa. Quentin le dijo que eso era normal, la gran parte de retroalimentación que recibimos en la vida se concentra en nuestras supuestas deficiencias. El entrenamiento es diferente, pues se enfoca en las fortalezas y los activos. En cuanto a las supuestas carencias, el entrenamiento las replantea como oportunidades de crecimiento. La meta del primer paso era verdaderamente profundizar y trabajar una serie de ejercicios para llevar a Rebecca a ser consciente de sus muchos activos.

Algunas de las frustraciones de Rebecca surgieron en este primer paso. Al comienzo, ella creía que no tenía una cualidad única en la vida y que eso dificultaba la elección de un producto. Ella consideraba que había tenido una vida completamente normal y experiencias promedio, definitivamente nada único que pudiera apalancar. Se sentía frustrada porque iba a terminar con una empresa "yo también" vendiendo productos "yo también".

Rebecca estaba muy emocionada acerca de la posibilidad de ganar dinero por internet. Pero al mismo tiempo tenía miedo ya que nunca había tenido su propio negocio. Sólo tenía una leve idea de lo que era una corporación de responsabilidad limitada (Ltda.), y no sabía nada de cómo crearla. Siempre había trabajado para otros y desde cargos técnicos, nunca como la líder de pensamiento o la emprendedora. Quentin entendió que Rebecca tenía miedo de lo que no conocía, pero también sabía lo curiosa que era. Quentin le recordó que no tenía que saberlo todo para comenzar a tomar decisiones. Tampoco necesitaba hacer todo por sí misma. Lo primero que necesitaba, le dijo Quentin, era decidir cuál era su esencia para la base de su producto y su negocio.

Rebecca comenzó esta sección sin nada por qué estar agradecida:

Por lo que más estoy agradecida es por mi salud, mis hermosos hijos, mi esposo que me ama y me apoya, mi familia inmediata y la extendida dispuestas las dos a ayudarnos con nuestros hijos, mi mundo abundante, cada libertad que he disfrutado y el deseo y la habilidad para lograr algo importante en mi vida.

Siento que he sido bendecida durante los últimos 90 días debido al empleo de mi esposo, la buena salud de mi familia, la creatividad y continua habilidad que tiene mi hija mayor para sorprenderme con lo que conoce y absorbe, la habilidad natural de mi hijo con la tecnología, el ver el respaldo de mis padres y hermanos, las nuevas lecciones y alegrías de la paternidad diaria, la oportunidad de ser una madre que permanece en casa, la paciencia y el entendimiento de las compensaciones de mi decisión de quedarme en casa, nuestro servicio voluntario en nuestra iglesia local, los días de campo, los fines de semana con nuestros hijos, y haber recibido un reembolso de impuestos.

Inventario completo de activos de Rebecca

INVENTARIO DE ACTIVOS		
Experiencias y habilidades de vida únicas	Destrezas, talentos y pasiones únicos	Contactos personales, redes y conexiones de negocios
Ser madre de dos hijos. Madre que permanece en casa.	Niños / Hijos / Paternidad.	Guardería del vecindario.
Título en Comunicaciones de Mercadeo.	Tendencias de salud, salud y bienestar.	Distribuidores de vitaminas MLM (padres).
Editora del periódico de la escuela secundaria.	Viajes al exterior.	Voluntaria en una clase local de música a la que asiste mi hija.
Directora de Mercadeo en un *spa* por 3 años. Productos orgánicos.	Muy consciente de la salud.	Vigilancia del vecindario.
Cazadora de promociones.	Leer y escribir.	Club de triatlón local.

Terminé una media maratón y una maratón completa. Entrenamiento para maratones y carretas de triatlón.	Competencia. Soy una persona muy motivada.	Miembro de la Asociación Americana de Mercadeo.
Nadadora competitiva en la secundaria y la universidad. Una lesión en la universidad acabó con mi carrera de nadadora. Tuve 12 meses de terapia física debido a mi lesión.	Remedios orgánicos, naturales y homeopáticos.	Trabajé en un *spa* por 3 años y todavía tengo conexiones allá.
Vitaminas y salud.	Creativa / manualidades.	Terapistas físicas.
Hábil con los computadores.	Ayudar a amigos y familiares, trabajo voluntario.	Clase de yoga.
	Organización / Planeación.	Instructora de clase de Lamaze.
	Bloguera dedicada y consistente.	Mi hermana está por graduarse como terapista de masajes.

Práctica 5: Rebecca se compromete con su camino hacia la prosperidad. Rebecca necesitaba ver el cuadro completo, todas sus partes y entender cómo encajaban unas con otras. Estaba confundida. Veía dónde se encontraba en ese momen-

to y al final del recorrido, pero no entendía cómo podía pasar del punto A al punto B. Ella sentía que la empresa se estaba formando. Ya tenía diseñado su logo y eso había sido un gran impulso para ella. Sentía que ya estaba en el negocio y podía mostrarle a alguien que así era. Hizo tarjetas de negocios y fue a celebrar con su esposo. Luego llenó su mapa mental para tener una perspectiva de todas las partes móviles del sistema. Ya había comenzado con las primeras partes de su negocio.

Mi punto polar

Prometo guiar cada aspecto de mi vida mediante una inquebrantable lealtad a mis valores más entrañables de integridad y relaciones. Una vida anclada en esas cualidades resultará en una felicidad fundamentada en obtener utilidades a partir de mi esencia y prioridades más profundas. Esos valores van a ser faros de orientación inamovibles para mi vida en medio de las diversas pruebas y dificultades. El marco para las respuestas de mi vida se arraigará en esos 3 valores.

Ganancias a partir de mi esencia

Alinear los valores esenciales con un modelo de empresa prestando servicios al segmento de spa de salud y masajes. Preeminencia, singularidad, valor y calidad son las señales de la identidad de nuestros productos y servicios.

Comienzo con lo que ya tengo

Por medio de mi experiencia como Directora de Mercadeo en el spa y la industria de masajes, tengo una posición única para proporcionar soluciones a las necesidades y problemas en esa área. Con una pasión por la salud y conocimiento de primera mano del potencial sanador de la terapia de masajes, crearé un sitio web de talla mundial, atendiendo a pequeños spas y florecientes terapistas de masajes.

Preguntas para el camino hacia la prosperidad:

1. ¿Qué problema estoy tratando de resolver?

   Muchos spas y terapistas de masajes son muy buenos en lo que hacen (lo técnico), pero carecen de entendimiento (cómo), destrezas (qué), tiempo, y paciencia para identificar y localizar los mejores productos de calidad para masajes y spa a los mejores precios.

2. ¿Qué es lo que estoy vendiendo u ofreciendo?

   Una relación con un proveedor de productos de spa y para masajistas, quien crecerá con las necesidades de sus negocios.

3. ¿Cuál es mi canal de distribución?

   Mi página web en línea.

4. ¿Cómo voy a hacer que otros sepan qué estoy ofreciendo?

   Por medio de la página web, boletines, alianzas estratégicas, redes sociales, boca a boca y directamente por medio de escuelas de terapia de masajes.

5. ¿Quién es mi cliente objetivo?

   Pequeños spas (de 5 a 10 empleados) y nuevos terapistas de masajes.

6. ¿Cuántas personas están dispuestas a pagar por una solución a este problema?

   Una prima por un servicio sobresaliente, consultas vía telefónica acerca de la línea de productos precisa que necesitan, envíos muy rápidos, con nuestra garantía del 110%.

7. ¿Qué ofertas similares a la mía ya están disponibles?

   Otros sitios de internet tienen asistencia vía telefónica para las compras en sus tiendas en línea, pero usualmente son centros de telemercadeo que han sido subcontratados. Nuestro personal será conformado por veteranos de la industria de masajes y spas, *con la experiencia adecuada para saber cómo ampliar las ofertas y las líneas de productos.*

8. ¿Qué hace que mi oferta sea mejor, única y especial?

   Garantía en los productos, información en nuestro sitio web respecto a la elección del producto correcto, nuestro servicio al cliente y la calidad y experiencia de los representantes ayudando a quienes visitan el sitio web.

9. ¿Cómo voy a presentarle mi solución a los clientes?

   En cada página tendremos un espacio de "chat en vivo con un experto". La propuesta única de ventas estará en cada pieza de material de mercadeo que tengamos y también se incluirá con cada comunicación (firmas de correo electrónico, slogan, tarjetas de negocios, etc.).

Razones por las cuáles deseo prosperidad:

Ahorrar para la universidad de mis hijos.

Seguridad financiera. (Quiero dejar de utilizar los ahorros y ahorrar para la jubilación).

Satisfacción personal. (Disfruté de hacer parte de la fuerza laboral y quiero seguir aportando para los ingresos de mi familia).

Estilo de vida. (Me encanta viajar. Tengo muchos sitios exóticos en mi lista de cosas por hacer antes de morir. Quiero llevar a mis hijos a nuevos lugares y hacer que experimenten cosas, culturas y personas nuevas. No quiero vivir de forma vicaria por medio de Google Earth o libros).

Dar a obras sociales. (Me encantaría algún día iniciar mi propia entidad sin ánimo de lucro).

Visualización de prosperidad

1. ¿En dónde vives ahora?

   Ya pagamos nuestra casa y la rentamos. Hace poco compramos un terreno de 4.500 pies cuadrados con un sótano termi-

nado en un condominio a 20 minutos al otro lado de la ciudad. Es la casa de nuestros sueños. Con nuestra familia paseamos mucho en el auto por esa parte de la ciudad los domingos. Allá hay un parque maravilloso en donde a los niños les encanta jugar. La mejor parte del distrito escolar es que tiene uno de los mejores niveles del estado. A mis hijos les va a encantar. Queda aproximadamente 15 minutos más cerca del lugar de trabajo de mi esposo, así que puede venir a almorzar o nosotros podemos pasar a visitarlo. La mejor parte fue cuando lo compramos: lo pagamos con dinero en efectivo. Me encanta no tener que pagar hipotecas.

2. ¿Qué clase de auto conduces?

Hemos mejorado de auto, cambiamos la minivan de hacía 10 años y ahora estamos conduciendo un Cadillac Escalade negro. A los niños les encanta porque tiene un paquete completo de entretenimiento. A mi esposo le encanta porque le puso rines de 22 pulgadas de cromo. A mí me encanta porque tiene una cámara trasera e interior en cuero. Huele a auto nuevo, lo cual lo hace valer cada centavo.

3. ¿Cómo te estás ganando la vida?

Los sitios de internet van muy bien. Mi esposo todavía trabaja pero es porque le gusta. Estoy aportando a los ingresos del hogar, a los ahorros familiares y para el futuro de mis hijos. De hecho he empezado a aprender más acerca de la inversión en línea en el mercado de acciones. Por medio de la negociación, estoy aprendiendo gerencia financiera e incluso tengo una fuente de ingresos extra.

4. ¿Cuánto estás ganando?

La empresa ahora tiene un ingreso bruto de $250.000 al año. De ahí saco un salario que es el doble de lo que ganaba como empleada.

5. ¿Qué pasatiempos practicas constantemente?

He estudiado guitarra, golf y también he incursionado en el mercado de acciones. He vuelto a nadar en las noches.

6. ¿Cuál fue la última parte a la que fuiste a pasar unas vacaciones de dos semanas?

Pasamos una semana en Oahu y luego una semana en Kauai. Hicimos un recorrido en helicóptero alrededor de las islas y los niños todavía hablan de eso. Las playas de arena negra y las caminatas fueron asombrosas. Nunca he visto un atardecer tan vibrante. Todavía puedo oler la fragancia del árbol de Puakenikeni al lado de nuestro apartamento.

Metas de prosperidad

Hoy: *llamar a 3 nuevos proveedores.*

Mañana: *añadir una nueva categoría de productos a mi página web con 5 nuevos productos.*

Próxima semana: *escribir 3 entradas al blog bien atractivas.*

Próximo mes: *registrar el nombre de dominio de mi nueva página y contratar a un diseñador para que desarrolle una nueva marca.*

Próximo año: *duplicar los ingresos actuales con la nueva página web mientras que diversifico la línea de productos por medio de reseñas de spas y cestas de regalos. El nuevo sitio de Empresa al Cliente, también tendrá una lista de 5.000 suscriptores y una cantidad modesta de seguidores en Facebook y Twitter.*

Para dentro de 2 años: *que los dos sitios de internet tengan un muy buen nivel de búsqueda en las principales herramientas de búsqueda para varias frases con palabras claves. Tener más de 1.000 visitantes únicos para los dos sitios por día y que 10% de los ingresos de los sitios venga de publicidad y patrocinios.*

Dentro de 3 años: *Estar dedicando aproximadamente el 25% del tiempo para trabajar en el negocio, y haberle pasado las operacio-*

nes diarias a mi hermana. Tener 10 empleados que procesen las órdenes, creen contenido y administren las relaciones con los vendedores y proveedores. Tener 3 vacaciones al año y haber hecho una tradición familiar el llevar a los abuelos a los viajes de vacaciones con nosotros.

Dentro de 5 años: *Que la empresa esté creciendo y más del 50% de los clientes provenga de mercadeo por referencia. Haber lanzado con éxito nuestro programa de fidelidad de "Refiera a un amigo". Haber ganado varios premios de "Mejores en su clase" en servicio al cliente que otorga la industria. Que los distintivos de nuestros 2 sitios de internet sean los niveles de servicio y tasas de respuesta. Que nuestros ahorros sigan creciendo cada mes. Ver cuánto he avanzado personal y profesionalmente.*

Dentro de 10 años: *llevar a toda nuestra empresa de 10 empleados a un crucero de 3 días como celebración de nuestro mejor año en términos de ingresos brutos. Tener más de 12.000 visitantes únicos en nuestros sitios de internet a diario, con un 90% de comercio de artículos orgánicos proveniente de categorías naturales y tener una clasificación en Google de 7. Tener una base de datos grande con más de 350.000 subscriptores e invertir en un sistema CRM más robusto para mantener la privacidad de los clientes. Haber diversificado el flujo de ingresos de la compañía, incluyendo paquetes de mercadeo y marca para terapistas de masajes y spas, pagar publicidad, mercadeo por correo electrónico, programas de afiliados, envíos inmediatos, ventas por eBay, y producir nuestra propia línea de productos. Ese año marcará la apertura de nuestra propia oficina corporativa de 3.000 pies cuadrados con un spa local adjunto. Haber hecho alianzas con varias escuelas de terapistas de masajes para proporcionar equipos con nuestra propia marca para sus estudiantes y terapistas.*

Acuerdo de prosperidad

Por este medio, yo, Rebecca Miller, me comprometo a alcanzar mi camino de prosperidad. Accedo a establecer límites firmes, a "hacerme presente y a estar presente". Entiendo que necesito rendir cuentas de mis acciones porque "si ha de ser, depende de mí". Accedo a dedicar por lo menos entre 5 y 10 horas semanales a desarrollar mi futura prosperidad. Me comprometeré a actuar para crear la vida que realmente quiero y a defender los valores que represento. Prometo reconocer la abundancia que ya tengo mientras logro mis metas a lo largo de mi camino hacia la prosperidad. Entiendo que con la expectativa de nuevos resultados en mi vida, también viene la expectativa de nuevas acciones. Me comprometo totalmente a estas acciones requeridas para el cumplimiento de mis metas.

_____   _____
Rebecca Miller (Firma)   Fecha.

Práctica 6. Rebecca Miller toma acciones de fondo. Rebecca ahora estaba lista para armar todas las piezas del rompecabezas. Sentía que había volteado todas las piezas del negocio en su mente así que ahora podía entender no sólo cómo funcionaba cada pieza individualmente sino también coordinadamente. Rebecca comenzó a poner en práctica los pasos siguiendo una línea de tiempo establecida. Trabajando con las prácticas de prosperidad, ella señaló las tareas y pasos, dueños y fechas de finalización. Ella entendió que era necesario tener un orden exacto para hacer las cosas correctamente y en su totalidad. Su página web ya estaba casi finalizada con descripciones de los productos; ya casi estaban terminados los pasos para el comercio electrónico. Ella había trabajado en mejorar su red y había hecho contactos importantes.

Este proceso no ocurrió sin frustración. El desarrollar redes por lo general es la parte más desgastante del proceso porque es la parte más impredecible. Ella también estaba aprendiendo cada día. En las sesiones de entrenamiento Rebecca revisaba sus iniciativas de desarrollo de redes y a veces concluía que se había esforzado mucho desarrollando relaciones con personas que en realidad no eran quienes tomaban las decisiones o que podían abrir las puertas que se requerían para tener éxito. Trabajando con Quentin ella trazó puntos importantes que consideraba significativos para su empresa y su progreso de entrenamiento: (1) Crear la empresa, (2) Lanzar la página web, y (3) Hacer la primera venta en línea.

Así es como Rebecca respondió a las preguntas de acciones de fondo:

1. ¿Qué acción tendría el mayor impacto en mi éxito con mis metas?

    Debo dedicar tiempo para hacer crecer mi negocio, esto lo haré creando un horario. La vida parece estar llena de cosas para hacer, hijos, familia, lecciones de música, compartir el auto, etc. Necesito programar tiempo específicamente para mi empresa. La mayoría de personas que va a trabajar tiene un horario y se le paga por hacerse presente. Debo disciplinarme para mantener un horario entre 5 y 10 horas por semana.

    Debo hacer más de aquello que me hace mejor y menos de aquello que me hace daño. Algo puntual que puedo hacer es publicar entradas de blog en mi página web con más frecuencia. Usualmente me atraso y trato de escribir 4 entradas en un sólo día. A los lectores les gusta la consistencia y les gustan los contenidos frescos. Veo que cuando espero a "publicar varias entradas" el contenido parece artificial y menos genuino. Me comprometo a publicar los lunes, miércoles y viernes. El publicar en el blog ha demostrado ser excelente para la optimización en motores de búsqueda de mi página web y he logrado contactos con proveedores y clientes por medio de algunas de mis entradas previas.

2. **¿Cuás es la acción que más debo realizar hoy?**

Debo priorizar mis tareas y hacer una lista de "cosas que no debo hacer". He observado que me desvío mucho al comenzar el trabajo en mi página web al parar para ver los correos electrónicos y otras distracciones. Debo concentrarme en las prioridades de trabajar: mi meta es llamar a 5 proveedores potenciales para mejorar mi línea de productos de cesta de regalos y añadir por lo menos uno de ellos a mi página esta semana.

También debo formalizar mi hoja de "reseñas de spas". Para realmente proporcionar calificaciones y reseñas consistentes, debo calificar a los spas de la misma manera. Esta hoja será crítica, así cualquier persona de mi equipo puede usar el mismo sistema de evaluación para hacer que las reseñas se comparen frente a frente.

3. **¿En qué me siento listo e inspirado para hacerlo ahora mismo?**

Voy a hablar con mi hermana Chelsea respecto a que se una a mi empresa. Quiero estar segura de que las órdenes sean procesadas a tiempo y realmente tengo más pasión por las reseñas de spas y del lado de cliente a empresa. Dentro de los próximos 30 o 40 días quiero lanzar la nueva parte de la empresa. ¡Esto será maravilloso!

4. **¿Cuáles son los aspectos negociables y no negociables de mi plan de acción?**

Con la ayuda de mi hermana y el éxito actual de mi página web, durante mi tiempo libre puedo hacer que la nueva página crezca. Sé que esto requerirá un horario estricto ya que gran parte del crecimiento será con entradas de blog. También entiendo que tendré que presentar mi "marca" personal. Tendré que desarrollarme a mí misma y establecerme como una autoridad en muchos de los sitios de redes sociales.

Me gustaría extender mi presencia y reputación en línea más allá de la empresa para ser conocida como persona en mi es-

pacio. Las partes negociables de mi plan son (1) mi participación personal en la página web principal (mi hermana es más que capaz para administrarla) y (2) la rapidez de crecimiento del lado de reseñas del nuevo sitio. Las partes no negociables son: (1) la frecuencia de entradas para el blog, (2) la exposición a las redes sociales, (3) el hallar proveedores para el nuevo sitio, y (4) el balance entre el trabajo y la vida. No quiero perderme en el trabajo porque inicialmente comencé esta empresa para poder tener más capacidades financieras para pasar tiempo con mi familia haciendo lo que quería hacer. Tomé la decisión de quedarme en casa con mis hijos. No quiero perder de vista esa decisión.

Renovación de la prosperidad

Luego Rebecca tomó tiempo para considerar su progreso. Su entrenador la anima a celebrar durante el recorrido, no sólo al final. Ella le escribió un correo electrónico acerca de su progreso hasta ahora, resaltando lo que hizo cuando alcanzó los 3 primeros puntos importantes. Ella dijo que tuvo dos ocasiones más para celebrar con su esposo y su familia: (1) cuando el diseño de su logo estuvo finalizado, y (2) cuando ganó sus primeros $1.000 dólares y la familia hizo un viaje.

Cuando Rebecca regresó de celebrar sus primeros $1.000 dólares, tenía una mezcla de emociones porque todavía estaba animada por las vacaciones pagadas por su empresa, en esencia los primeros frutos de un cambio en su estilo de vida, pero también se sentía lenta para esforzarse más y concentrarse en hacer crecer y mantener su negocio. Rebecca está emocionada con su progreso pero quiere estar segura que su empresa no la aleje de la familia que es tan importante para ella.

En su vida personal, Rebecca está renovando su prosperidad por medio de varias áreas. La evidencia de esto es clara, no sólo para ella sino también para sus amigos y familiares, quienes ven que Rebecca está más centrada y contenta. Lo siguiente es aquello por lo que Rebecca se siente orgullosa:

- Ha creado un ahorro para la universidad de sus hijos.

- Está aportando a un fondo de emergencia propio, el cual está creciendo.

- Tiene más tiempo para pasar con su familia.

- Tiene más oportunidades para servir como voluntaria en la clase de música a la que asiste su hija.

- Tiene tiempo para concentrarse en la parte de desarrollo de redes y mercadeo de su empresa, incluyendo los aspectos del negocio como escribir para el blog, algo que disfruta.

- Ella ha definido su vida como una mujer de negocios independiente, fuera de su identidad como esposa y madre.

- Ha fortalecido su relación con su esposo porque ahora, al igual que Bud, ella está aportando su parte a los ingresos familiares.

Rebecca ha trabajado duro para llegar a este punto. Ha puesto su enfoque en lo que tiene en lugar de ponerlo en aquello que no tiene. Ha ubicado su punto polar. Ha aprendido a obtener ganancias a partir de su esencia. Ha nombrado y reclamado su camino hacia la prosperidad. Ha tomado acciones de fondo y eso ha dado resultados. Ahí está Rebecca, a las puertas de su zona de prosperidad. ¡Felicitaciones Rebecca! Ella merece ser reconocida como alguien que hizo su sueño realidad.

CONCLUSIÓN

Renueva tu prosperidad

"El mayor impedimento para que alcancemos nuestras metas no son los obstáculos, sino que tenemos un camino claro hacia una meta menor".

—ROBERT BRAULT

La prosperidad no es una actividad recreacional si no un estilo de vida que debes elegir y renovar. Esperamos que hayas visto el poder de las 6 prácticas de prosperidad y cómo éstas son la base para un cambio importante para diseñar la vida que deseas.

A este paso lo llamamos la renovación de tu prosperidad y hay 3 maneras para hacerlo:

1. Vuelve a hacer la evaluación de prosperidad.

2. Haz el ciclo de las 6 prácticas de prosperidad más de una vez.

3. Da a otros.

VUELVE A HACER LA EVALUACIÓN DE PROSPERIDAD

Lo primero que te pedimos fue que hicieras la evaluación de prosperidad y estudiaras tus resultados. Ahora te pedimos que ingreses a www.prosperbook.com y vuelvas a hacer la evaluación. Observa las diferencias en los resultados. ¿Qué tal la evaluación de 360 grados? ¿Han cambiado esos resultados? ¿Qué atributos de prosperidad tienes más desarrollados? ¿Qué crees que signifique eso? ¿Qué suposiciones retaste en cuanto a la prosperidad?

¿Qué significan estos cambios para ti? La evaluación no ha cambiado. Si los resultados son diferentes, es debido a un cambio en ti.

Piensa en la evaluación de prosperidad como en tu presión arterial, la cual vigilas para determinar tu salud cardiovascular. Así como revisas tu presión arterial varias veces durante un año, te recomendamos hacer lo mismo con la salud de tus niveles de prosperidad. La evaluación de prosperidad hace lo mismo al darte información que es útil para reforzar comportamientos positivos y corregir cualquier mal hábito que pueda introducirse. Cada conjunto de resultados te permite evaluar en dónde te encuentras en tu recorrido hacia la prosperidad y hacer ajustes para llevarte más rápido a tu punto polar.

Nuestros viajes hacia la prosperidad nunca terminan porque la gente siempre está cambiando. Siempre estamos haciendo ciclos, volviendo al comienzo para encontrar hacia dónde es que nos dirigimos. Siempre hay perspectivas que debemos tener al repetir y reevaluar la evaluación de prosperidad.

HAZ EL CICLO DE LAS 6 PRÁCTICAS DE PROSPERIDAD MÁS DE UNA VEZ

Si hiciste las 6 prácticas de prosperidad y terminaste todos los pasos de prosperidad, ¡felicitaciones! Estamos seguros que ahora estás mejor preparado para tomar las decisiones y acciones que mejorarán tu vida. Pero, adivina: la búsqueda de la prosperidad nunca termina.

Seguir las 6 prácticas de prosperidad y ver los beneficios añadidos a tu vida, son un gran comienzo. Pero es sólo eso, un comienzo de un proceso que se repite, añadiendo más a tu prosperidad con cada repetición.

Vemos las 6 prácticas de prosperidad, no tanto como una lista de puntos a chequear en tu lista de cosas pendientes, sino más como hitos de un ciclo que nunca termina.

Te prometemos que cuando repitas el ciclo, el terreno que recorras va a ser muy diferente porque serás diferente y tus circunstancias habrán cambiado. Por ejemplo, cuando llegues a la tercera práctica (Obtener ganancias a partir de tu esencia), la experiencia será muy diferente porque en ese momento puedes haber tomado acciones para una nueva profesión o empresa. Habrás mejorado tus habilidades y perspectivas. Vemos las 6 prácticas de prosperidad como un todo.

Según lo indicamos anteriormente, éste es un buen momento para volver a hacer la valoración de prosperidad. Recuerda que es posible tomarla ilimitado número de veces.

Así como una áspera roca se suaviza con cada rotación al rodar por la corriente de un río, vas a ser más y más próspero con cada rotación de las 6 prácticas de prosperidad. Es un ciclo que te da una perspectiva con mayor profundidad. Verás con nuevos ojos los problemas y sus soluciones.

Te pedimos que renueves tu prosperidad al hacer de estas prácticas un proceso continuo en tu vida.

DA PROSPERIDAD A OTROS

Sabes que realmente estás viviendo en tu zona de prosperidad cuando tu pasión cambia de acumular a dar. No es coincidencia que las personas más prósperas del mundo se hayan comprometido a dar la mayor parte de su fortuna.

La evaluación de prosperidad que hemos hecho disponible para ti sin ningún costo es sólo una expresión de nuestro compromiso a dar. La evaluación es gratuita. Te animamos a hacerla tan frecuentemente como quieras. Ten libertad de compartirla con cuantos amigos y socios quieras.

Creemos que todos caminamos con un balde de prosperidad invisible. Todos tenemos uno y siempre lo llevamos con nosotros. Unas veces está rebosando y otras veces está vacío. Es normal desear tener un balde lleno en lugar de tener uno vacío, entre más lleno, mejor. Tener nuestros baldes llenos es vivir de manera consistente con nuestro punto polar.

Sin embargo, la victoria definitiva no es tener nuestros baldes llenos hasta el borde. Nuestros baldes pueden agrandarse. ¿Cuál es el secreto? Llenar los baldes de prosperidad de otras personas. ¿Cómo lo hacemos? Es lamentable que muchas personas vayan por la vida con un nivel bajo de prosperidad. Al ayudarlos a identificar el potencial de una vida próspera, sus baldes se llenan. Cuando les ayudas a entender que hay una zona de prosperidad en la que pueden llevar su nivel de prosperidad a un entorno más elevado, estás llenando tu balde. La magia es que tu balde no sólo se llenará sino que también se agrandará.

Las acciones que tomamos en la vida, llenan algunos recipientes y desocupan otros. No pretendemos entender ese misterio, pero sí sabemos esto: la historia de nuestra vida es la interacción entre la pala y el balde y nosotros tenemos el control de esa interacción. Siempre podemos elegir ser receptores o dadores de prosperidad. La lección que hemos aprendido es que la mejor forma de llenar nuestro propio balde y hacerlo crecer es llenando el de otra persona.

REFERENCIAS

Baum, Herb, y Tammy Kling. *The Transparent Leader: How to Build a Great Company through Straight Talk, Openness, and Accountability*. New York: HarperCollins, 2004.

Brickman, P., D. Coates, y R. Janoff-Bulman. "Lottery Winners and Accident Victims: Is Happiness Relative?". *Journal of Personality and Social Psychology* 36, no. 8 (Agosto de 1978): 917–927.

Christensen, Clayton M. "How Will You Measure Your Life?". *Harvard Business Review*, Julio–Agosto 2010. Disponible en http://hbr. org/ 2010/ 07/ how -will -you -measure -your -life/ ar/ 1.

Firebaugh, Glenn, y Laura Tach. "Income and Happiness in the United States." Ensayo presentado en la reunión anual de la Asociación Sociológica Americana, Philadelphia, PA, Agosto 12, 2005. Disponible en http:// www.allacademic.com/ meta/ p18167 _index .html.

Gladwell, Malcolm. *Outliers: The Story of Success*. New York: Little, Brown, 2008.

Goodrich, Laura. *Seeing Red Cars: Driving Yourself, Your Team, and Your Organization to a Positive Future.* San Francisco: Berrett- Koehler, 2011.

Kent, Linda Tarr. "What Is Hedonic Treadmill?". Disponible en http:// www .livestrong .com/ article/ 386749 -what -is -hedonic -treadmill/ #ixzz1NEhY QsV0.

Reitman, Jason, Walter Kirn, and Sheldon Turner. *Up in the Air,* DVD. Dirigida por Jason Reitman. Hollywood: Paramount Home Entertainment, 2010.

Shermer, Michael. "It Doesn't Add Up: Why People Believe Weird Things About Money." *Los Angeles Times,* January 13, 2008. Disponible en http://articles.latimes.com/2008/jan/13/opinion/opschermer13.

Souman, Jan L., Ilja Frissen, Manish N. Sreenivasa, y Marc O. Ernst. "Walking Straight into Circles." Current Biology 19, no. 18 (2009): 1538–1542.

RECONOCIMIENTOS

No sería acertado decir que este libro fue escrito por una persona o incluso por dos. Este libro es el producto de tantas personas que nos han dado el beneficio de su tiempo y recursos, que es imposible agradecerles a todos de forma adecuada.

Con unas pocas excepciones, hemos cambiado los nombres de los estudiantes mencionados. Rebecca Miller, nuestro caso presentado en el capítulo 7, es una mezcla de docenas de estudiantes individuales con quienes los entrenadores de Prosper han trabajado. Decidimos crear la historia de este caso alrededor de un carácter compuesto por dos razones. Primero, no queríamos comprometer la privacidad de cualquier persona en la medida que una historia de este detalle lo requeriría. Segundo, los compromisos de entrenamiento son tan altamente individualizados que el entrenamiento termina haciendo énfasis en una o más de las 6 prácticas de prosperidad más que en las otras. Sentimos que una historia basada en un carácter compuesto complementaría mejor la necesidad de balance.

También les debemos gratitud a las muchas personas que han leído y vuelto a leer este libro, que han ofrecido comentarios y ofrecido opiniones. Sus sugerencias ayudaron a hacer realidad este libro.

Sin duda, no habríamos podido desarrollar este libro sin nuestros dedicados empleados en Prosper. Hemos sido inspirados por su pasión y deseo de ayudar a los demás a alcanzar su verdadero potencial y una mejor vida. Juntos estamos trabajando para lograr la verdadera prosperidad.

En especial queremos agradecerles a las siguientes personas:

A John Kador, quien constantemente nos presionó para tener las palabras y la idea correctas para ayudarnos a comunicar mejor los conceptos de este libro; sus habilidades de organización y visión son asombrosas. John fue la persona ideal para ayudarnos a finalizar este proyecto en cuanto a prosperidad porque él lo vive. Las habilidades editoriales de Steve Piersanti no tienen comparación en la industria editorial y apreciamos mucho su amistad. Sin la dirección de Steve, este libro sería el doble de largo y la mitad de bueno.

Gracias también a nuestra asociación con los miembros de la sobresaliente comunidad Berrett-Koehler y le agradecemos a todos ustedes. En especial queremos agradecerle a Jeevan Sivasubramaniam, Jaume Smith, Katie Sheehan, Kristen Frantz, David Marshall, Dianne Platner, Rick Wilson, Zoe Mackey, Mike Crowley, Bonnie Kaufman, Marina Cook, Cynthia Shannon, Catherine Lengronne, y Maria Jesús Aguilo. Todos ustedes trabajaron como nuestro grupo de expertos, dándonos retroalimentación crítica y dándose ustedes mismos con libertad. Todos ustedes son un equipo editorial sobresaliente con quienes vale la pena trabajar.

En Prosper, estamos especialmente agradecidos por la pasión y la dedicación de Larissa Hommes, Jeff Kempton, Dane Ing, Kim Can-non, Jason Coulam, Aaron Peterson, Jade Koyle, Neal Jenks, y Michelle Zundel. Todos son personas muy ocupadas que estuvieron con nosotros en cada parte del camino, desde las fases de diseño del libro hasta su terminación. Sin su asistencia no tendríamos esta obra.

También queremos agradecerles a nuestros mentores, amigos y otras personas que han influido en nuestra vida ayudando a forjarla para bien. Ken Blanchard, Vic Conant, Harvey Mackay, Kim Clark, Lynda Applegate, Cynthia Montgomery, Deepak Malhotra, Robert Allen, Tom Painter, Joe Vitale, Larry Benet, Alex Mandossian, Kevin Small, Kevin Hall, Ceasar Milder, Jose Fabricio, Mark Peterson, Chris Waters, Daniel McNairy, Neel Reddy, Vince Silva, Richard Andrews, Martha Lawrence, Paul Mix, Josh Christopherson, McKay Ercanbrack, Dave Greene, Steve Gross, Don Hutson, Cecily Markland, Brian Blair, Brandon Williams, Kevin Miyasaki, Justin Hyde, Clayton Christensen, Jay Abraham, Ned Hallowell, Jess Brown, Robin Bergstrom, Joe Soto, Joe Polish, Rudy Ruettiger, Paul Zane Pilzer, Mike Willbond, Robert Tingey, Devin Willis, Triton Willis, Damon Willis, Brent y Phelicia Hatch, Chloe Willis, Stan Sadowski, Farshad Fardad, y el Grupo Harvard OPM 39.

Ethan quiere agradecerle a su maravillosa esposa Ashley y a sus hijos Isabel, Ava, Gavin, Kate y Ruby.

Randy quiere agradecerle a su maravillosa esposa Char y a sus hermosas hijas Grace, Halle, Jane y Sadie.

Gran parte de nuestro éxito en la vida se debe a su amor y apoyo incondicional. También estamos agradecidos con nuestros padres por su amorosa dirección en la vida, los ya fallecidos: Donald Willis, Karen Willis-Hollcraft, y Dr. Richard Hollcraft, y Geedus Garn y Joan Garn. Juntos hemos tenido un maravilloso peregrinaje y juntos hemos trazado un curso para prosperidad duradera.

ACERCA DE
LOS AUTORES

ETHAN WILLIS

Director Ejecutivo y Cofundador de Prosper www.prospering.com

Ethan Willis es uno de los socios fundadores de Prosper. Ha servido como Director Ejecutivo de la compañía desde su creación en 1999. Bajo su liderazgo, Prosper ha servido como mentor a más de 75.000 estudiantes en más de 80 países.

Ethan fue coautor, con su amigo y mentor Ken Blanchard y con Don Huston, del libro *The One Minute Entrepreneur*, éxito en ventas, número uno en *The Wall Street Journal* y *The New York Times*. Le apasiona el emprendimiento y durante los últimos 12 años ha iniciado y cofundado 6 empresas y ha empleado a más de 2.000 personas durante ese tiempo.

Ethan ha sido reconocido como Empresario del Año por Ernst and Young y como uno de los 100 mejores empresarios por Vspring. Sus empresas han sido reconocidas como unos de los mejores lugares para trabajar en Utah. El trabajo de Ethan en el campo empresarial ha sido publicado por *Business Week, USA Today, Fox News* y otras varias publicaciones. Es egresado de la Universidad Brigham Young y del Programa de

Gestión como Presidente y Propietario de la Universidad de Harvard y es graduado de la Escuela de Negocios de Harvard.

Ethan y su esposa Ashley tienen 5 maravillosos y activos hijos de quienes disfrutan plenamente.

RANDY GARN

Director Ejecutivo de Relaciones y Cofundador de Prosper www.prospering.com

Randy Garn es uno de los socios fundadores de Prosper. En la actualidad supervisa el Desarrollo de Negocios y trabaja de cerca con algunos de los educadores, oradores y líderes de pensamiento más renombrados del mundo.

Randy es un apasionado creador de redes y le encanta hacer crecer a las empresas y ayudarlas a tener éxito. Randy es un empresario en serie en conexión con Prosper. Ha fundado varias empresas más, las cuales son líderes en su industria, especializadas en mercadeo en línea, adquisición de clientes, mercadeo y desarrollo de productos. Una de esas empresas, AdCafé.com, tiene más de 2 millones de subscriptores y sigue creciendo.

Fue galardonado como Empresario del Año por Ernst and Young, fue elegido entre los mejores 40 empresarios por parte de 40 Entrepreneur, y ha ayudado a que la empresa obtenga varios premios en participación social y de caridad. Randy es egresado de la Universidad Brigham Young y del Programa de Gestión como Presidente y Propietario de la Universidad de Harvard y es graduado de la Escuela de Negocios de Harvard.

Randy vive en Utah con su esposa Char y sus 4 hermosas hijas.